JOURNAL FÜR ENTWICKLUNGSPOLITIK

vol. XXXVII 3-2021

CHRISTLICHE RELIGION
ALS GESELLSCHAFTSKRITIK?

Schwerpunktredaktion: Magdalena Andrea Kraus,
Jonathan Scalet

Herausgegeben von:
Mattersburger Kreis für Entwicklungspolitik
an den österreichischen Universitäten

Journal für Entwicklungspolitik (JEP)
Austrian Journal of Development Studies

Herausgeber: Mattersburger Kreis für Entwicklungspolitik an den österreichischen Universitäten

Redaktion: Tobias Boos, Alina Brad, Eric Burton, Julia Eder, Nora Faltmann, Gerald Faschingeder, Karin Fischer, Daniel Fuchs, Daniel Görgl, Inge Grau, Markus Hafner-Auinger, Johannes Jäger, Bettina Köhler, Johannes Korak, Magdalena Kraus, Franziska Kusche, Bernhard Leubolt, Sebastian Luckeneder, Clemens Pfeffer, Stefan Pimmer, Jonathan Scalet, Lukas Schmidt, Gregor Seidl, Nicolas Schlitz, Koen Smet

Produktionsleitung: Clemens Pfeffer
Umschlaggestaltung: Clemens Pfeffer
Titelbild: Zapatistia Church (2004) by David Sasaki,
www.flickr.com/photos/oso/4655542

Inhalt

4 MAGDALENA ANDREA KRAUS, JONATHAN SCALET
Christlicher Glaube als Quelle gesellschaftskritischer Diskurse und
befreiender Praxis

39 BRUNO KERN
Kritik der Religion nach Karl Marx. Vom Sinn der Gottrede in
säkularer Zeit

60 SANDRA LASSAK, MAGDALENA ANDREA KRAUS,
JONATHAN SCALET
Körperterritorien befreien. Aktuelle Herausforderungen für eine
feministische Befreiungstheologie im Lichte ökoterritorialer und
dekolonialer Kämpfe

89 JAN NIKLAS COLLET
Die Vergeschichtlichung des Universalen. Reflexionen zu einem
befreiungstheologischen Universalismus

Essay

117 JAKOB FRÜHMANN
Als Christ zur See? Reflexionen über ein heikles Fahrwasser

127 SchwerpunktredakteurInnen und AutorInnen
131 Impressum

JOURNAL FÜR ENTWICKLUNGSPOLITIK XXXVII, 3-2021, S. 4–38

MAGDALENA ANDREA KRAUS, JONATHAN SCALET
Christlicher Glaube als Quelle gesellschaftskritischer Diskurse und befreiender Praxis

Die interdisziplinäre Auseinandersetzung mit globalen Ungleichheiten im Rahmen der Entwicklungsforschung lässt über viele Jahrzehnte hinweg eine Leerstelle in der Beschäftigung mit Religion erkennen (Deneulin/ Rakodi 2011; Jones/Petersen 2011; Garling 2013: 91ff.). Wenn diese thematisiert wurde, dann meist in ihrer repressiv-konservativen Funktion in der kolonialen Vergangenheit und Gegenwart oder als Hemmnis für Entwicklung im modernisierungstheoretischen Sinn (Jones/Petersen 2011: 1292). Weitaus häufiger blieb die Kategorie Religion jedoch ausgeblendet, obwohl diese in den alltäglichen Lebensrealitäten vieler Menschen – insbesondere in den Peripherien des kapitalistisch-kolonialen Weltsystems – nach wie vor eine erhebliche Rolle spielt. Die Leerstelle steht in Zusammenhang mit der wenig hinterfragten Grundannahme von Säkularisierung als einem „universal, desirable and irreversible trend" (Deneulin/Radkodi 2011: 46), die meist (implizit) in sozialwissenschaftlichen Diskursen präsent ist (ebd.: 49).

In Teilen kritischer Diskurse wird dieser Trend wiederum weniger als Verschwinden denn als Transformation religiöser Glaubensformen und -praktiken gelesen. Demnach würden die überlieferten Religionen im Verlauf von Modernisierung und kapitalistischer Durchdringung zunehmend von vermeintlich säkularen Elementen wie Geld, Entwicklung oder der kapitalistischen Warenform als höchste normative Bezugsrahmen und Instanzen spiritueller und identitärer Selbstverortung abgelöst (vgl. u.a. Benjamin 2009; Marx 2005: 85-98; Faschingeder 2007: 36-40). Dabei wird von der europäischen Erfahrung ausgegangen und Religion im klassischen Sinn als ein Phänomen betrachtet, das mit steigendem gesellschaftlichen Wohlstand allmählich verschwinde (vgl. Faschingeder 2010: 341) und für „moderne" Gesellschaften keine Relevanz mehr habe (Deneulin/Radkodi

2011: 45). Eine weitere Prämisse in diesem Kontext stellt die zunehmende Privatisierung von Religion und ihre scheinbare Bedeutungslosigkeit für das öffentliche Leben und politische Fragen dar (ebd.: 49). Diese Grundannahmen haben sich jedoch in den meisten (postkolonialen) Gesellschaften des Globalen Südens als nicht zutreffend erwiesen (ebd.: 47, 50; siehe auch Jones/Petersen 2011: 1292; Heuser/Koehrsen 2020: 15, Tomalin 2021: 105; Carbonnier 2013: 2).

Seit den 2000er Jahren zeigt sich eine Veränderung dieses Trends an, die in einer vermehrten Beschäftigung mit Religion innerhalb der *Development Studies* sichtbar wird (Deneulin/Rakodi 2011: 45). Jones und Petersen (2011: 1292) sprechen gar von einem „religious turn", den Heuser und Koehrsen (2020: 13) als postsäkulare Hinwendung zur Religion in Entwicklungspolitik und -forschung beschreiben. Allerdings sehen Jones und Petersen (2011) in der dominanten Herangehensweise an das Thema zahlreiche Schwächen und Verengungen (vgl. dazu auch Deneulin/Bano 2009). Denn diese reduziere sich wesentlich auf die konkrete Praxis der Entwicklungszusammenarbeit, während breitere gesellschaftstheoretische, ethische, philosophische und epistemologische Fragestellungen und Vorannahmen ausgeblendet blieben. Es bestünde ein zu enger Fokus auf *Faith-Based Organisations* (FBOs) bzw. *Religious Non-Government Organisations* (RNGOs). Die neuen Impulse zur Thematisierung kämen dabei vermehrt von Seiten zentraler bi- und multilateraler Institutionen der ‚Entwicklungsindustrie' (Jones/Petersen 2011: 1292), und weniger aus dem universitären und akademischen Kontext. Dies führe zuweilen zu einem unkritischen, engen und instrumentalistischen Verständnis von Religion als Faktor für oder gegen Entwicklung (ebd.: 1302): „The concern is simply to bring religion in to better serve these agendas" (ebd.: 1300). Das Ziel dieser Hinwendung zur Religion liege also darin zu untersuchen, „how religion can be used to do development ‚better'" (Jones/Petersen 2011: 1291); Gestalt und Richtung dieser Entwicklungsagenden werden hingegen nicht in Frage gestellt. In diesem Kontext kann beispielsweise auch die „Taskforce" „Werte, Religion und Entwicklung" innerhalb des Bundesministeriums für wirtschaftliche Zusammenarbeit und Entwicklung (BMZ) in Deutschland gesehen werden, die seit 2014 Konzepte und Strategien rund um den Zusammenhang von Religion und Entwicklung erarbeitet. In seiner Grundsatzrede am 19.10.2014 bemerkte Bundesminister Gerd Müller (2014): „Auch wenn wir es im religiös etwas lauwarmen Europa nicht glauben möchten: Die Welt des 21. Jahrhunderts ist eine religiöse Welt. Wie wollen wir diese Welt verstehen und mitgestalten, wenn wir die Rolle der Religionen nicht ausreichend im Blick haben?"

Dem Faktor Religion wird also sowohl in der praktischen EZA wie auch in der Entwicklungsforschung vermehrt Aufmerksamkeit geschenkt (u.a. Carbonnier 2013; Daniel/Garling/Hillebrandt/Wienold 2014; Tomalin 2015; Heuser/Koehrsen 2020). Diese beschränkt sich aber weitgehend auf das beschriebene instrumentalistische Verständnis von Religion und muss sich somit der Frage stellen, „to what extent is the ‚turn to religion' evidence of a paradigm shift or is this simply a case of business as usual?" (Tomalin 2021: 107). Inwieweit Religion auch als Faktor wirken kann, der sich derartigen Instrumentalisierungen widersetzt und als Potenzial fungiert, um hegemoniale Zielsetzungen und Normen gesellschaftlicher Entwicklung in Frage zu stellen, wird hingegen kaum bearbeitet (ebd.; Deneulin/Bano 2009). Dem entsprechend fällt in der jüngeren Vergangenheit auch die Auseinandersetzung mit Religion in Organen einer dezidiert kritischen Entwicklungsforschung eher spärlich aus.

In der gesamten Geschichte des *Journals für Entwicklungspolitik* widmete sich bislang keine einzige Ausgabe dem Thema Religion. Die in Deutschland erscheinende Zeitschrift *Peripherie* wiederum publizierte zwar 2014 ein Heft unter dem Titel „Religionen in Bewegung", dieses nimmt jedoch weitgehend eine religionssoziologische Perspektive ein. Die letzten Auseinandersetzungen in Publikationen und aus dem Umfeld des Mattersburger Kreises mit dem Thema datieren bereits von 2010 (Faschingeder), 2007 (Faschingeder/Six) und 2003 (Faschingeder). Auch im umfangreichen Standardwerk *Handbuch der Entwicklungsforschung* (Fischer/Hauck/Boatcă 2016) wird dem Zusammenhang von Religion und Entwicklung keine große Aufmerksamkeit geschenkt.

Insbesondere lässt sich nach wie vor eine Leerstelle in Bezug auf gesellschaftstheoretische und theologisch informierte Perspektiven auf Religion, Kritik und Widerstand feststellen.[1] Dabei war der Bezug auf transzendente Glaubenssätze historisch ein häufiges Vehikel antikolonialer und revolutionärer Widerstandsbewegungen und ist auch gegenwärtig ein bedeutendes Movens kritischer sozialer Bewegungen an den Peripherien des kapitalis-

Magdalena Andrea Kraus, Jonathan Scalet

tisch-kolonialen Weltsystems. Denn der Glaube an transzendente Prinzipien kann bestehende Gesellschaftsstrukturen sowohl zu überhistorischen Gegebenheiten verfestigen als auch ihre radikale Kontingenz begründen. Mit dieser oft wenig beachteten, aber für eine kritische Entwicklungsforschung unseres Erachtens nach durchaus bedeutsamen Dimension des Religiösen möchte sich das vorliegende Heft beschäftigen. Damit soll nicht negiert werden, dass Religion – und insbesondere das Christentum – historisch und gegenwärtig auch als Instrument zur Legitimierung und Verfestigung von Herrschaftsverhältnissen genutzt wurde und wird. Nichtsdestotrotz liegt auf diesem deutlich bekannteren Aspekt innerhalb des beschränkten Umfangs der vorliegenden Publikation nicht unser Fokus. Kritisch-befreiende Bezüge und Traditionsströme lassen sich wohl in allen Religionen ausmachen. Auch gilt unser grundsätzliches Interesse dem kritischen Potenzial des Religiösen an sich. In diesem Heft beschränken wir uns aus pragmatischen Gründen jedoch auf Entwicklungen innerhalb der christlichen Tradition. Diese zeichnet durch ihre massive Verbreitung im Zuge der kolonialen Expansionen eine besondere Bedeutung und Ambivalenz in Bezug auf Fragen globaler Ungleichheiten und Herrschaftsverhältnisse aus. Angesichts dieser Geschichte wird das Christentum überwiegend mit der oft unheilvollen Praxis der Missionierung in Verbindung gebracht. Im Kontext einer christlichen Praxis, die sich dieser unterdrückerischen Form des Glaubens an der Seite der Herrschenden entgegenstellt, spielt wiederum die Traditionslinie der lateinamerikanischen Theologie der Befreiung eine besondere Rolle. Auch die Beiträge des vorliegenden Heftes können vorrangig in dieser Linie verortet werden.

Im Folgenden gehen wir zunächst auf die Entstehung, Entwicklung und zentrale Elemente der Theologie der Befreiung ein. Daran anschließend widmen wir uns der Rolle dieser und weiterer Formen christlich-politischen Denkens und Handelns im deutschsprachigen Raum im Kontext von Entwicklungspolitik und Gesellschaftskritik. Davon ausgehend thematisieren wir die säkulare Norm innerhalb gesellschaftskritischer Diskurse im westlich-akademischen Kontext und weisen auf daraus resultierende Ausschlüsse hin. Abschließend werfen wir einige Schlaglichter auf Religion als historische und gegenwärtige Realität und Quelle von Widerständigkeit und Gesellschaftskritik.

1. Theologie der Befreiung – eine gesellschaftskritische Auslegung des Glaubens auf kirchlicher Ebene?

Mit der Veröffentlichung von Gustavo Gutiérrez' namensgebendem Werk *Teologia de la liberación* im Jahr 1971 jährt sich ein wichtiges Gründungsdatum der Befreiungstheologie heuer zum 50. Mal (zu einer Auseinandersetzung mit diesem Jubiläum siehe Becka/Gmainer-Pranzl 2021). Diese hatte in den 1950er und 1960er Jahren ihren Ausgangspunkt in Lateinamerika und entwickelte sich im Laufe der folgenden Jahrzehnte zu einer breiten politisch-religiösen Bewegung mit weitreichenden Wirkungen. Sie entstand aus innerkirchlichen Entwicklungen, muss zugleich jedoch als Reaktion auf die spezifischen Herausforderungen ihres soziokulturellen, politökonomischen, historischen Ortes verstanden werden. Und schließlich kann die Befreiungstheologie auch als Ergebnis einer neuartigen theoretisch-methodischen Verortung theologischen Denkens in sozialwissenschaftlichen bis marxistischen Diskursen verstanden werden.

Im Kontext der historischen Verwerfungen und gesellschaftlichen Aufbrüche der ersten Hälfte des 20. Jahrhunderts kam es nach dem Zweiten Weltkrieg zu weitreichenden Veränderungen innerhalb der katholischen Kirche. Zwei wesentliche Faktoren für diese Entwicklung stellten dabei die Welle der Entkolonialisierung, in der vor allem afrikanische und asiatische Staaten ihre Unabhängigkeit erlangten, sowie das Erstarken sozialer Mobilisierungen in Lateinamerika dar. Viele der nationalistischen und antiimperialistischen Bewegungen waren christlich geprägt und erforderten auf Seiten der Amtskirche ein Nachdenken über Mission und ihre Rolle im postkolonialen Kontext. Bereits 1891 hatte sich mit der Enzyklika *Rerum Novarum*, die als Gründungsdokument der katholischen Soziallehre gilt, eine erste Hinwendung oder Wiederbesinnung der Kirche auf die soziale Frage vollzogen.

Den direkten innerkirchlichen Ausgangspunkt für die Entstehung der Befreiungstheologie stellt aber zweifellos das II. Vatikanische Konzil (1962–65) dar. Dieses sollte eine umfassende Erneuerung und vor allem Öffnung der katholischen Kirche einleiten. Zentrale Ziele waren dabei die Abkehr von einer rein spirituellen und idealistischen Form des Glaubens sowie ein Aufbrechen der starren hierarchischen und autoritären Strukturen der Amtskirche. Unter dem Schlagwort, die „Zeichen der

Zeit" zu deuten, wurde der Fluchtpunkt christlichen Glaubens von einem abgetrennten, weltenthobenen Jenseits in die Diesseitigkeit der historisch-gesellschaftlichen Realität verlagert. Diese Öffnung bedeutete zum einen eine stärkere Auseinandersetzung mit gesellschaftlichen Fragestellungen und den Herausforderungen eines sich wandelnden historischen Kontextes. Zum anderen leitete sie eine Abkehr vom starren Alleinvertretungsanspruch der katholischen Kirche in ethisch-moralischen und religiösen Belangen ein. Galt bisher die Losung „Kein Heil außerhalb der Kirche", wurden nun auch anderen religiösen Traditionen Wahrheits- und Geltungsansprüche zugestanden, wodurch eine wichtige Voraussetzung für interreligiöse Verständigung geschaffen wurde. Und drittens bedeutete das Konzil auch eine Öffnung in Richtung auf das sogenannte Kirchenvolk, also auf die Basis der nichtgeweihten Gläubigen, und gab damit deutliche Impulse einer innerkirchlichen Demokratisierung, wenngleich starke Hierarchien und Ausschlüsse, etwa in Bezug auf Geschlecht und sexuelle Orientierung, bestehen blieben (vgl. Rahner 1979).

Bereits während des Konzils kam es zu ersten Anstößen für eine weitere Radikalisierung dieses Transformationsprozesses. So verpflichtete sich eine Gruppe von Bischöfen im sogenannten „Katakomben-Pakt" dazu, auf kirchliche Privilegien zu verzichten und im Sinne einer „dienende[n] und arme[n] Kirche" (Catacombe Domitilla 2021) ein bescheidenes Leben an der Seite gesellschaftlicher Randgruppen zu führen. Mit dieser gesellschaftlichen Verortung der Kirche unter den sogenannten einfachen Leuten war bereits ein zentrales Thema der Theologie der Befreiung angezeigt (Kern 2013: 11f.; Arntz 2017: 486-491).

Die Hinwendung der Kirche zur historischen Realität brachte auch eine soziokulturelle und geopolitische Kontextualisierung bzw. Pluralisierung theologischen Denkens und religiöser Praxis mit sich. In Lateinamerika traf diese Kontextualisierung auf eine gesellschaftliche Realität massiver Ungleichheiten und Ausschlüsse, rassistischer Diskriminierung, politischer Unterdrückung und neokolonialer Abhängigkeit, die zum zentralen Thema der Theologie der Befreiung werden sollte.

Entscheidend für die Charakteristik befreiungstheologischen Denkens und Handelns ist aber auch ihre spezifische Methode, die mit dem Dreischritt „Sehen-Urteilen-Handeln" (Kern 2013: 10f.) zusammengefasst wird. Die Verankerung in der alltäglichen Lebenspraxis ist dabei grundlegend, und in diesem Sinne beschreibt Gutiérrez (1986) die Befreiungstheologie als „eine im Lichte des Glaubens entworfene Reflexion aus der Praxis und über die Praxis" (ebd.: 10). Daraus ergibt sich eine weitreichende Öffnung, die die Befreiungstheologie anschlussfähig macht für nicht dezidiert religiöse Diskurse, Theorien und Akteur*innen. Im Kern dieser christlich motivierten „gesellschaftspolitische[n] Praxis" stehe demnach eine „intellektuell verantwortete Beschreibung und Ursachenanalyse und ein klares Bewusstsein ihres gesellschaftlichen Ortes" (Kern 2013: 31).

In einem ersten Schritt, dem des Sehens, gehe es darum, den Blick auf die historische Realität zu richten und die zentralen Themen und Problemstellungen der jeweiligen Zeit zu identifizieren. Dafür stützt sich die Theologie der Befreiung wesentlich auf sozialwissenschaftliche Analyseinstrumentarien, um ein Verständnis der strukturellen Bestimmungsgründe und Zusammenhänge dieser Realität zu gewinnen. Konkret nutzte die Theologie der Befreiung in Abgrenzung zu den modernisierungstheoretischen Erklärungsmustern des lateinamerikanischen *Desarrollismo* vor allem marxistische und dependenztheoretische Methoden. Aufbauend auf einem konflikttheoretischen und dialektischen Gesellschaftsverständnis wurde die Gegenwart in diesem Sinne als eine Situation systemischer Ausbeutung, Unterdrückung und Abhängigkeit beschrieben. Zugleich würde diese aber immer auch eine Realität alltäglicher Überlebenskämpfe, von Widerstand und Befreiung als ihren Gegensatz und Kern ihrer utopischen Überwindung enthalten (vgl. Castillo 1997; Kern 2013: 54-65, 99-104).

In einem zweiten Schritt, dem des Urteilens, wird diese Realität nun im Lichte des Evangeliums interpretiert. Die Befreiungstheologie kritisiert die massenhafte Verelendung und globalgesellschaftliche Ungleichheiten als eklatanten Widerspruch zur universellen Menschenliebe des Christentums und positioniert sich auf Seiten jener, denen das biblisch versprochene „Leben in Fülle" historisch verwehrt bleibt. In den Worten des in El Salvador wirkenden Theologen Ignacio Ellacuría wird damit „das gekreuzigte Volk als das grundlegendste Zeichen der Zeit" interpretiert (zit. nach Pittl 2018: 365). Die entmenschlichten[2] Bevölkerungsmehrheiten der Gegenwart stehen in diesem Sinne als konkrete historische Form der Verbrechen an einem Gott, der sich in der Figur des Jesus im Menschen verkörpert (Kern 2013: 39f.). Das Nicht-Leben-Lassen ist im christlichen Verständnis der Kern von Sünde. Mit der Theologie der Befreiung und deren Öffnung auf gesellschaftstheoretische Instrumentarien hin wird die Sünde als Verneinung eines gelingenden und selbstbestimmten Lebens nun zur „strukturellen Sünde" erweitert: als Verstoß gegen die heiligsten christlichen Prinzipien und Werte, der seine Ursache jedoch nicht in individuellem Fehlverhalten findet, sondern in historisch gewachsenen Strukturen, Machtverhältnissen und gesellschaftlichen Arrangements (vgl. ebd.: 66ff.; González Faus 1996: 730ff.).

Dementsprechend gestalten sich auch die Schlussfolgerungen für den dritten Schritt der befreiungstheologischen Methode: das Handeln. Das aktive und verändernd-eingreifende Wirken in der geschichtlichen Realität ist ein zentrales Merkmal der Befreiungstheologie und folgt der berühmten (vorrangigen) „Option für die Armen" (Lateinamerikanische Bischofskonferenz 1979: 166) – eine Losung, die allerdings in mehrfacher Hinsicht erklärungsbedürftig ist. Zum einen wird der Begriff der „Armen" nicht reduktionistisch – rein ökonomisch oder materiell – verstanden, sondern soll all jene Menschen umfassen, die am Rand der Gesellschaft stehen und in irgendeiner Form unterdrückt, ausgebeutet oder marginalisiert werden. Er ist damit nicht inhaltlich oder essenzialistisch, sondern sozialstrukturell bestimmt und offen für die intersektionale Überlagerung und historische Transformation von Macht- und Unterdrückungsverhältnissen. Die Befreiungstheologie definiert also kein transzendentes, überhistorisches Subjekt der Befreiung oder einen universell gültigen Wertekanon, sondern ein methodisches Prinzip. In diesem Sinne müsse kritisch-befreiendes Denken und Handeln stets von Neuem danach fragen, wer in einem bestimmten historischen Kontext „die Armen" sind, und sich in Folge für deren Interessen einsetzen (Kern 2013: 36-40). Zum anderen wird die Armut der Armen eben nicht im karitativen Sinn passiver Hilfsbedürftigkeit verstanden. Der Befreiungstheologie geht es wesentlich um die „Vermenschlichung der Entmenschlichten", womit nicht zuletzt die Wiedergewinnung von Handlungsfähigkeit und Selbstbestimmung gemeint ist – ein Ziel, das nur erreicht werden könne, wenn „die Armen" aktiv und selbstbestimmt ihren eigenen Befreiungsprozess als Subjekte gestalten (ebd.: 42f.).

Damit bleibt die Richtung des Befreiungsprozesses notwendig offen und von den Theolog*innen nicht vorgängig bestimmbar. Zudem wird mit der Losung „kein Heil außerhalb der Armen" (Sobrino 2006) die Überzeugung ausgedrückt, dass von den gesellschaftlichen Rändern ein besonderes Potenzial für radikale Erneuerung und die Überwindung der strukturellen Sünden der herrschenden Gesellschaftsordnung ausgehe (Kern 2013: 39-53). Treffender als von der „Option für die Armen" wäre daher vom Einsatz mit, an der Seite oder im Gefolge der Armen zu sprechen. Dies impliziert auch eine radikal gesellschaftskritische Auslegung dieses Einsatzes. Befreiungstheologie begnügt sich eben nicht damit, „die Armen" zu emanzipieren, zu integrieren und „vom Rand" ins Zentrum zu holen; sie zielt vielmehr darauf ab, die tieferen strukturellen Umstände zu verändern, die den an den Rand Gedrängten ein Leben in Fülle verwehren, und damit die bestehenden Verhältnisse von Grund auf umzuwälzen (ebd.: 39-53). Radikal war und ist dieser Einsatz für und mit den Armen schließlich auch auf der persönlichen Ebene. In den letzten Jahrzehnten haben zahlreiche befreiungstheologisch motivierte Aktivist*innen ihr religiös-politisch motiviertes Engagement bis zur letzten Konsequenz getrieben und dem mittelalterlich anmutenden Konzept des „Martyriums" neue Aktualität verliehen. Bekannt sind etwa die Fälle von Bischof Oscar Romero oder dem Ordensmann Ignacio Ellacuría, die aufgrund ihres politischen Engagements „von den Militärdiktaturen, Großgrundbesitzern und Regierungen umgebracht wurden" (Codina 2017: 18). Aber auch heute noch riskieren zahlreiche Ordensleute, Priester und Lai*innen aufgrund ihres Glaubens ihr Leben in Landnutzungskonflikten und anderen gesellschaftlichen Kämpfen (vgl. Sobrino 1997: 208-210).

Bei der Befreiungstheologie handelt es sich also um keine bloß innerkirchliche Entwicklung. So sieht Michael Löwy die amtskirchlichen und theoretischen Schriften der Befreiungstheologie lediglich als „the visible tip of an iceberg" (Löwy 2008: 350). Demnach gründen diese auf Reflexion und Praxis einer breiteren gesellschaftlichen Bewegung, deren innovative Impulse von den gesellschaftlichen und kirchlichen Rändern ausgingen: „The radicalization process in Latin American Catholic culture [...] does not start from the summit of the church and irrigate downward to its base, nor does it flow from the base toward the summit [...] but rather it moves from the periphery to the center" (ebd.: 352). Der Ausgangspunkt befreiungstheologischen Denkens wäre also die konkrete Praxis der „Armen", die in den Basisgemeinden konkrete Gestalt annehme. Dabei würden die bislang Ungehörten, unsichtbar und arm Gemachten zu politischen und theologischen Protagonist*innen. Die Konferenzen der lateinamerikanischen Bischöfe gelten dafür als wichtige Ereignisse. In Medellín 1968 habe der „Schrei des armen Volkes" (Codina 2017: 15) erstmals auf amtskirchlicher Ebene Gehör gefunden. Fast zehn Jahre später, bei der Konferenz in Puebla 1979, wurde es „ein immer lauter werdender, ungestümer [...] Schrei" (ebd.: 16), von dem aus sich die kirchliche Praxis und Theologie neu orientierte.

Die Theologie der Befreiung wiederum wirkte dann über die Kirche hinaus in breite gesellschaftliche Sektoren und soziale Bewegungen zurück: „[T]his social movement [...] stretches well beyond the limits of church institutions" (Löwy 2008: 351). Laut Löwy könnten zentrale soziale Bewegungen und historische Ereignisse seit den 1960er Jahren ohne die Einbeziehung der christlich-religiösen Befreiungspraxis nicht verstanden werden (ebd.). Tatsächlich gibt es zahlreiche Verflechtungen mit den Aktivist*innen von Befreiungsbewegungen auf dem südamerikanischen Kontinent. So wurde beispielsweise bereits 1966 der kolumbianische Priester Camilo Torres im bewaffneten Guerillakampf für die nationale Befreiungsarmee ELN (Ejército de Liberación Nacional) getötet (Guzman 1970). Bedeutende soziale Bewegungen wie die brasilianische Landlosenbewegung MST (Movimento dos Trabalhadores Rurais Sem Terra), der indigene Dachverband Ecuadors CONAIE (Confederación de Nacionalidades Indígenas del Ecuador) oder die zapatistische Autonomiebewegung im südmexikanischen Chiapas EZLN (Ejército Zapatista de Liberación Nacional) erhielten wiederum wichtige Impulse aus den Basisgemeinden (Löwy 2008: 355).

Auch wenn namhafte Befreiungstheolog*innen an europäischen Universitäten studiert und von der europäischen Theologie zweifellos wichtige Elemente und Anregungen aufgegriffen haben, so wäre der Rückschluss verkürzt, dass die gesellschaftskritischen Impulse der Theologie der Befreiung einbahnstraßenähnlich von Europa ausgehend nach Amerika geflossen wären. Vielmehr trafen die innerkirchlichen Aufbrüche des Zweiten Vatikanums in Lateinamerika auf eine eigenständige antiimperialistische Denk- und Praxistradition und eine lange Geschichte antikolonialer Befreiungskämpfe, die sich vielfach christlicher Gehalte bedienten, oft genug aber auch gegen deren gewaltförmige Durchsetzung zur Wehr setzten. Debatten um Unabhängigkeit und Selbstbestimmung zeichnen von Beginn der Kolonisierung seit dem 16. Jahrhundert eine Linie in gegenwärtige dekoloniale Diskurse und konstituieren somit eine „Geschichte alternativen Denkens und Handelns, die [...] in verschiedenen Ausdrucksformen mehrere Jahrhunderte durchzieht" (Fornet-Betancourt 2018: 40f.). Diese beschäftigt sich wesentlich mit den vielfältigen Wirkungen kolonialer Herrschaft sowie Wesen und Strategien echter Unabhängigkeit. Dabei spielt auch die Auseinandersetzung mit dem präkolonialen Erbe und der heterogenen, interkulturellen und kulturell-religiös mehrbezüglichen Realität eine Rolle. Somit ist die Befreiungstheologie auch von indigenem bzw. nichteuropäischem Denken beeinflusst. Dies zeigt sich etwa in Gustavo Gutiérrez' Auseinandersetzung mit dem peruanischen Anthropologen und Autor des *indigenismo*, José Maria Arguedas, der einen zentralen Bezugspunkt für seine *Theologie der Befreiung* (1973) darstellt. In diesem Sinne schreibt sich befreiungstheologisches Denken „in die Geschichte dieser vielschichtigen Bewegung von alternativen Denk- und Handlungsperspektiven ein" (Fornet-Betancourt 2018: 47).

Mit den Niederlagen der globalen politischen Mobilisierungen der 1960er und 1970er Jahre, der neoliberalen Wende sowie massiver innerkirchlicher Konflikte und Repression wurden auch die Ansätze eines politisch engagierten Christentums seit den 1980er Jahren weltweit deutlich zurückgedrängt. Auch die Befreiungstheologie in Lateinamerika verlor seither stark an Bedeutung. Auf Ebene der Amtskirche wurde mit dem Pontifikat von Johannes Paul II. eine konservative Wende mit einer stark antikommunistischen Ausrichtung eingeschlagen. Zahlreiche Vertreter*innen der Befreiungstheologie wurden mit negativen Sanktionen belegt und bei Neubesetzungen systematisch durch konservativere Amtsträger ersetzt. Parallel dazu wuchs die Präsenz pentekostaler Kirchen in Lateinamerika, die die Befreiungstheologie zunehmend als religiöse Heimat gesellschaftlicher Randgruppen ablösen, dabei jedoch mehrheitlich eher individualistische und entpolitisierende Formen des Glaubens befördern (Löwy 2008: 354f.).

Zudem verloren mit dem formellen Ende der Militärdiktaturen in einigen lateinamerikanischen Ländern die gesellschaftlichen Auseinandersetzungen und das politische Engagement von Christ*innen an Radikalität (ebd.: 354). Befreiungstheologische Akteur*innen konzentrierten sich vermehrt auf reformistische Forderungen im Bereich bürgerlicher und kultureller Rechte, während revolutionäre, marxistische Ansätze marginal wurden. Umgekehrt fanden innerkirchlich Konzepte wie die „Option für die Armen" – wenn auch in abgeschwächter und weniger politisierter Form – Eingang in Dokumente des kirchlichen Lehramts (Codina 2017: 19).

Auch auf wissenschaftlich-theoretischer Ebene geriet die Befreiungstheologie vermehrt unter Beschuss. Unter dem Einfluss poststrukturalistischer Theoriebildung erschien das marxistisch-theologische Vokabular zunehmend anachronistisch. Kritik richtete sich vor allem gegen das scheinbar monolithische Subjekt der Armen und die vermeintlich holzschnittartige Gegenüberstellung binärer Gegensätze wie Unterdrückung und Befreiung. Diese Kritik wurde in den vergangenen Jahrzehnten u.a. damit aufgearbeitet, dass das abstrakte Konzept „der Armen" für unterschiedliche historische Subjekte ausdifferenziert wurde (Baquero/Knauth/Schroeder 1998: 49f.). Durch diese Öffnung auf die vielfältige Überlagerung gesellschaftlicher Machtverhältnisse entstand an den Peripherien des kapitalistisch-kolonialen Weltsystems eine heterogene Landschaft kontextueller und befreiender Theologien wie die feministische Befreiungstheologie (Ivone Gebara, María Pilar Aquino), *Teología negra* (Silvia Regina de Lima Silva), *Queer Theology* (Marcela Althaus-Reid) oder die *Teología india* (Eleazar López, Vicenta Mamani Bernabé).

Mit Papst Franziskus erleben aktuell politisch engagierte kritische Lesarten des Christentums hinsichtlich sozialer, wirtschaftlicher und ökologischer Fragen sowie Interkulturalität auf (amts-)kirchlicher Ebene ein gewisses Revival. Demgegenüber steht jedoch eine weitgehend ungebrochene Kontinuität dogmatisch-repressiver Positionen in Bezug auf Sexualität und Geschlechterverhältnisse. Zu sozioökonomischen Fragen nimmt Papst Franziskus jedoch klar und erstaunlich radikal Stellung. So ließ er in seinem ersten apostolischen Schreiben *Evangelii gaudium* mit Aussagen wie „[d]iese Wirtschaft tötet" (Papst Franziskus 2013: 52) aufhorchen, die Entmenschlichung, Exklusion und Ausbeutung unmissverständlich als strukturelle Bestandteile des herrschenden Wirtschaftssystems anprangern (ebd.: 51ff.). Diese Diagnose wurde mit der 2015 erschienenen

Enzyklika *Laudato Si – Über die Sorge für das gemeinsame Haus* um einen weiteren zentralen Aspekt gegenwärtiger Systemkrisen erweitert. *Laudato Si* thematisiert die strukturellen Ursachen und Folgen von Umweltzerstörung und Klimawandel und postuliert, ausgehend von einem ganzheitlichen, organisch-relationalen Weltbild und dem christlichen Prinzip der Schöpfungsverantwortung, die Notwendigkeit und Dringlichkeit einer radikalen sozialökologischen Transformation.

In Kontinuität dazu fand 2019 in Rom die sogenannte „Amazonien-Synode" statt, auf der über Herausforderungen und die Rolle der Kirche im südamerikanischen Amazonasgebiet debattiert wurde. In den Vorbereitungsdokumenten wird die „Option für die Armen" besonders stark in ihrer ethischen und epistemischen Dimension aufgegriffen und es findet darüber hinaus eine interkulturelle Öffnung statt. Diese zeigt sich darin, dass die Bedeutung indigener Kosmovisionen und Spiritualitäten sowie Lebens- und Gemeinschaftsformen für Kirche und Theologie, und darüber hinaus für eine lebenswerte Zukunft im Sinne eines „Guten Lebens für alle", anerkannt werden. Amazonien wird exemplarisch als präferenzieller theologischer Ort bestimmt, weil dort die Verwerfungen des globalen Gesellschafts- und Wirtschaftssystem und die Folgen des europäischen Kolonialismus „als Realität der Unterdrückung" (Sobrino 1997: 197) wie durch ein Brennglas sichtbar würden. Zugleich könne die Region im befreiungstheologischen Sinne als „privilegierter Ort von […] Prophetie" (Ellacuría 1990: 389) und Utopie fungieren, weil hier – an den Rändern des herrschenden Gesellschaftssystems – auch Praktiken des Widerstands und alternativer Formen des Zusammenlebens mit der menschlichen und nichtmenschlichen Mit-Welt sichtbar würden. Deswegen erscheint Amazonien als prophetischer Ort, dessen Wissen und Spiritualität in der aktuellen soziökologischen Krise „als Orientierungs- und Handlungsmarken für die Transformation des praktischen Handelns und ethischer Haltungen dienen können" (REPAM 2018: 31). Mit dem Pontifikat von Franziskus kann also von einer neuen Hinwendung zu den Peripherien des kapitalistisch-kolonialen Weltsystems gesprochen werden, aus der er eine klar systemkritisch konturierte Positionierung sowie eine interkulturelle und interreligiöse Öffnung auf alternative Lebensweisen, Kosmovisionen und Spiritualitäten hin ableitet.

2. Christlicher Glaube im Spannungsfeld von Gesellschaftskritik und Entwicklungspolitik

Der Einfluss der Befreiungstheologien blieb nicht allein auf den lateinamerikanischen Subkontinent beschränkt, sondern erlangte vor allem in den 1970er und 1980er Jahren weltweit Bedeutung. Im deutschsprachigen Raum boten die innerkirchlichen Aufbrüche in Folge des Zweiten Vatikanums einen fruchtbaren Nährboden für die neue theologische Strömung aus Lateinamerika, die vor allem in den sich rasch politisierenden Lai*innenbewegungen der Katholischen Aktion dankbare Abnehmer*innen für ihre Inhalte fand. Die Impulse aus Lateinamerika trugen zur Radikalisierung der in bedeutenden Sektoren der christlichen Kirchen verbreiteten Suche nach einer „diesseitigen" politisch engagierten Form des Glaubens bei. Zudem wurde das Bewusstsein für die globalen und kolonialen Verflechtungen der katholischen Kirche ebenso wie der wohlhabenden Staaten Europas und Nordamerikas gestärkt, aber auch die Solidarität mit den zahlreichen Befreiungskämpfen der 1970er bis 1980er Jahre. Auf diese Weise erlangte die befreiungstheologische Verbindung von christlichem Glauben, radikaler Gesellschaftskritik und widerständiger politischer Praxis zu dieser Zeit eine Bekanntheit und Wirkmacht, die weit über kirchliche Kreise hinausreichte (Baquero/Knauth/Schroeder 1998: 50-62.).

Zahlreiche Werke bedeutender Befreiungstheologen wie Gustavo Gutiérrez (u.a. 1973, 1984, 1986), Hugo Assmann (1984), Dom Hélder Câmara (u.a. 1969, 1973, 1982, 1986), Clodovis (u.a. 1983, 1986a, 1986b) und Leonardo Boff (u.a. 1982, 1983, 1985, 1986; sowie Boff/Boff 1986), Ernesto Cardenal (u.a. 1971, 1976) oder Oscar Romero (1982) wurden ins Deutsche übersetzt und breit rezipiert. Großen Einfluss entfaltete auch Paulo Freires *Pädagogik der Unterdrückten* (1971), die selbst in enger Wechselwirkung mit den befreiungstheologischen Bewegungen entstanden war. Im lateinamerikanischen Entstehungskontext waren sozialwissenschaftliche, philosophische und theologische Theoriebildungen ebenso wie religiöse und nichtreligiöse Gruppen und Bewegungen eng verzahnt – in der Rezeption dieser ideengeschichtlichen Strömung schwappte etwas von dieser Interdisziplinarität und Interkonfessionalität auch in den deutschsprachigen Raum über (Baquero/Knauth/Schroeder 1998: 13-17).

Befreiungstheologische Autoren und Werke fanden Eingang in die theologischen Fakultäten, und aus studentischen Kreisen und den unterschiedlichen kirchlichen Basisbewegungen formierten sich Publikationsprojekte und aktivistische Gruppen. Diese verpflichteten sich – neben der Verbreitung der neuen Ideen und der Solidarisierung mit den Befreiungskämpfen des sogenannten Trikont[3] – der Entwicklung einer radikal politischen Glaubenspraxis auch für den europäischen Kontext. Dafür suchten sie nach überkonfessionellen Bündnissen mit anderen, nichtreligiösen Gruppen und Aktivist*innen, die das Ziel einer radikalen Gesellschaftsveränderung teilten (ebd.: 50-62).

So gab sich die bereits 1906 gegründete schweizerische Zeitschrift *Neue Wege*, die anfangs noch unter dem recht neutralen Zusatz „Blätter für religiöse Arbeit" erschienen war, 1977 den Untertitel „Beiträge zu Christentum und Sozialismus" (Neue Wege 2021). Als Reaktion auf den Putsch gegen Allendes „Demokratischen Sozialismus" in Chile formierte sich 1973 in der BRD wiederum ein Ableger der chilenischen Bewegung „Christen für den Sozialismus", der darauf abzielte, „der herrschenden ‚Theologie von oben', als Ausdruck und Stütze der kapitalistischen Gesellschaft, eine ‚Theologie von unten' entgegenzusetzen, die der Befreiung der Armen und Unterdrückten verpflichtet ist" (CfS-BRD 1992: 218; vgl. ChristInnen für den Sozialismus 2018).

Ein weiterer wichtiger Katalysator war die Solidarisierung mit konkreten politischen Befreiungsprojekten, nicht zuletzt jenen, an denen christlich bzw. befreiungstheologisch motivierte Gruppen zentral beteiligt waren. Allendes Projekt eines „Demokratischen Sozialismus", das wesentlich von christlichen Sektoren mitgetragen wurde, wurde bereits erwähnt und auch in der Anti-Apartheid-Bewegung der späten 1970er bis frühen 1990er Jahre waren christlich motivierte Aktivist*innen zentral beteiligt. So nahm etwa der Boykott südafrikanischer Obstimporte Anfang der 1980er Jahre seinen Ausgang auf der Ebene von Pfarrgemeinden und entwickelte sich über die Beteiligung katholischer Bildungshäuser und Institutionen wie dem Österreichischen Informationsdienst für Entwicklungspolitik (ÖIE) im Laufe der Jahre zu einer breiten überkonfessionellen und überparteilichen Kampagne (Sauer 2021).

Herausragende Bedeutung kommt aber sicherlich der Sandinistischen Revolution in Nicaragua zu, die neben ihrer breiten Resonanz in kirchlichen

Kreisen in Österreich auch zu einem Konvergenzpunkt christlich motivierter und linker Aktivist*innen und zu einem prägenden Ereignis für die entwicklungspolitische Landschaft der 1980er und 1990er Jahre wurde. Die dynamische Entwicklung der nicaraguanischen Basisgemeinden und der ideologische wie personelle Einfluss befreiungstheologischer Akteur*innen – allen voran des Priesters, Schriftstellers und späteren Ministers Ernesto Cardenal – machten die Sandinistische Revolution attraktiv für kirchliche Kreise und weckten Hoffnungen auf ein Modell eines anderen, undogmatischen und humanistischen „Sozialismus von unten" in Abgrenzung zu den autoritären und bürokratischen Entwicklungen des sowjetischen Staatssozialismus (für ein Beispiel der breiten Auseinandersetzung mit der Sandinistischen Revolution aus christlicher Perspektive siehe Dienste in Übersee/Koberstein 1982). Darin trafen diese sich mit linken, sozialdemokratischen bis sozialistischen Gruppen, und auch von staatlicher Seite kam unter der sozialdemokratischen Regierung Bruno Kreiskys Unterstützung für die neue nicaraguanische Regierung. Sympathisant*innen organisierten sich in Solidaritätsbewegungen oder reisten in „Freiwilligenbrigaden" nach Nicaragua, um den Aufbau der „neuen Gesellschaft" vor Ort zu begleiten bzw. mitzuerleben. Bei Pfarrbuffets wurde solidarisch gehandelter „Nicaragua-Kaffee" getrunken, es entstanden Freundschaftsvereine und Städtepartnerschaften – enge persönliche wie institutionelle Beziehungen –, und Nicaragua wurde für viele Jahre zu einem Schwerpunktland der staatlichen wie nichtstaatlichen Entwicklungszusammenarbeit Österreichs (Rybak 2015: 39-44; Humer 2013: 75-79; Kanamüller 1992: 90-105; EZA 2021a).

Die kirchlichen Aufbrüche nach dem Zweiten Weltkrieg wirkten sich also auch auf das neue entstehende Feld von Entwicklungspolitik und -zusammenarbeit aus und entfalteten einen zum Teil beachtlichen Einfluss. Im österreichischen Kontext geht die Formierung der entwicklungspolitischen Landschaft nach Einschätzung der Österreichischen Forschungsstiftung für Internationale Entwicklung „sehr stark auf die Initiative von Einrichtungen der katholischen Kirche zurück" (ÖFSE 2021a). Auch Faschingeder misst dieser „eine zentrale Rolle für die Konstituierung des privaten Entwicklungszusammenarbeits-Sektors" (2003: 177) bei. Denn während Strukturen einer öffentlichen EZA in Österreich erst ab den 1960er Jahren entstanden, kam es nach Ende des Zweiten Weltkriegs im kirchlichen Bereich zu einer starken und anhaltenden Proliferation entwicklungspolitischer Initiativen und Organisationen (ebd.: 180-183; ÖFSE 2021a, 2021b). Hinzu kommen die unterschiedlichen Missionswerke und -orden, die bereits lange vor der Erfindung des Projekts Entwicklung im Globalen Süden tätig waren, ihre Ausrichtung zum Teil aber den veränderten Bedingungen anpassten. Kirchliche und religiöse Akteur*innen hatten daher lange beinahe eine Monopolstellung in der entwicklungspolitischen Landschaft Österreichs inne, erst ab den 1960er Jahren entstanden Ansätze einer außerkirchlichen EZA (ÖFSE 2021b). Dementsprechend nahm der kirchliche Sektor in vielen Bereichen eine Vorreiterrolle ein und prägte die Ausgestaltung der Szene entscheidend mit. So organisierte die Katholische Jugend mit dem „Landjugendwerk für Entwicklungshilfe-Einsätze" die ersten Personalentsendungen aus Österreich, und kirchliche Organisationen beteiligten sich führend an der Gründung von Dachverbänden und Netzwerken (Faschingeder 2003: 182-186). Bis heute zeichnen katholische Organisationen für rund die Hälfte der gesamten privaten EZA in Österreich verantwortlich (Obrovsky 2020: 112f.). Und auch der Bereich des Fairen Handels entstand unter starker kirchlicher Beteiligung, etwa in Form kleiner Verkaufsstände in Pfarren oder der Gründung der Importorganisation EZA im Jahr 1975, an der katholische Organisationen weiterhin signifikante Anteile halten (EZA 2021a, 2021b; Pilz 2001).

Die oben beschriebenen Impulse des Zweiten Vatikanums und der Befreiungstheologie trugen zweifellos zu dieser dynamischen Entwicklung kirchlicher EZA bei. Zugleich reichte und reicht deren ideologisches Spektrum jedoch weit über die skizzierte linkskatholische Orientierung hinaus und erstreckt sich über reformistische Ansätze bis hin zu Kontinuitäten eines konservativ-indoktrinierenden Missionsverständnisses. Allerdings erlangten Bezüge eines radikal politischen Christentums in den 1970er und 1980er Jahren doch auch im Bereich der kirchlichen EZA eine beachtliche Bedeutung. Einige Orden (etwa die Steyler Missionare oder die Jesuiten) und Hilfswerke – v.a. aus dem Umfeld der katholischen Aktionen – unterhielten enge Kontakte mit befreiungstheologischen Priestern und Bewegungen und brachten deren Anliegen in die österreichische Debatte ein (vgl. Faschingeder 2003: 180-192, 2007: 28-34).

Heute ist von diesem Einfluss nur noch wenig zu sehen. Neben der allgemeinen Schwächung der Befreiungstheologie lässt sich dies in manchen Fällen, wie jenem der Päpstlichen Missionswerke, auf konservative Restrukturierungen von Seiten der Amtskirche zurückführen. Mehr noch dürfte es aber mit der Professionalisierung zu tun haben, die viele kirchliche EZA-Organisationen in den letzten Jahrzehnten vollzogen haben. Damit ging oftmals eine zunehmende Säkularisierung der eigenen Arbeit einher, die sich vermehrt eher an den technokratischen Konzepten und Trends des Entwicklungsdiskurses als an kirchlichen und theologischen Bezügen orientierte. Heute ist der kirchlich-religiöse Charakter vieler Organisationen nur noch bei genauerer Betrachtung erkennbar (Faschingeder 2003: 180-192). Das oben angesprochene befreiungstheologische Revival auf Ebene der Amtskirche wird von den meisten katholischen Hilfswerken zwar wohlwollend zur Kenntnis genommen und in Form von Tagungen, Aktionsplattformen und anderen Initiativen rezipiert. Bislang richtet sich diese Auseinandersetzung jedoch überwiegend nach innen und bleibt in ihrer Wirkung auf Teile des kirchlichen Sektors beschränkt. Sie hat damit kaum Einfluss auf Themen und Orientierungen des breiteren entwicklungspolitischen Diskurses und der entsprechenden Praxis.

3. Säkularismus und Imperialismus oder: „Can the subaltern speak religiously?"

Dieses Verschwinden des Religiösen in kritischen gesellschaftspolitischen Diskursen hängt mit dem bereits erwähnten Backlash innerhalb der Amtskirche zusammen, der zu einem Wiedererstarken konservativer Positionen und Sektoren führte, aber auch zu einem starken Rückzug des Religiösen auf den Privaten und spirituell-kontemplativen Bereich. Neben dieser Entradikalisierung christlichen Glaubens ist aber, zumindest im westlichen Kontext, umgekehrt auch eine breitere Säkularisierung gesellschaftskritischer Diskurse im politischen wie wissenschaftlichen Bereich zu beobachten (Brown 2013: 2; Maldonado-Torres 2008: 360f.; Carbonnier 2013). Diese lässt sich u.a. im Kontext der fundamentalen ideologischen Schließung verorten, die sich in Folge der Umbrüche von 1989 auf globaler Ebene vollzogen hat. Denn mit dem Ende der UdSSR verlor der westliche Kapitalismus sein „Außen", seine systemische Alternative, und wurde zum einzigen denkmöglichen Rahmen gesellschaftlichen Zusammenlebens. Dabei markiert 1989 jedoch nicht allein den weltweiten Triumph eines Wirtschaftssystems, sondern eines gesamten Zivilisationsmodells, das neben seinen politökonomischen Konzepten und Institutionen auch seine epistemischen und ethisch-normativen Grundannahmen und -orientierungen zum einzigen global gültigen Maßstab universalisiert. Sein säkularer Charakter ist ein zentrales Element dieses Zivilisationsmodells (Maldonado-Torres 2008). Damit werden religiöse, ethische, weltanschauliche Fragestellungen als rein subjektiv gefasst und dementsprechend auf die private Sphäre verwiesen, während die Institutionen und Regularien des gesellschaftlichen Zusammenlebens nach vermeintlich neutralen und allgemeinen Kriterien geregelt werden (vgl. ebd.: 368f.). Dies führt zwar im Zuge postmoderner Individualisierungstendenzen zu einer scheinbaren Pluralisierung von Lebensentwürfen und Weltanschauungen, verweist diese zugleich jedoch in die engen Grenzen individuell-persönlicher Wahlmöglichkeiten, während die ethisch-weltanschaulichen Grundannahmen und -orientierungen des gesellschaftlichen Zusammenlebens unsichtbar gemacht, damit außer Streit gestellt und der demokratischen Aushandlung entzogen werden (vgl. Brown 2013).

Diese säkulare Norm funktioniert freilich höchst selektiv und richtet sich vorwiegend gegen den Islam, der in der Figur des „Politischen Islam" zur Antithese und größten Bedrohung dieses Zivilisationsmodells dämonisiert wird. Die Gegenfolie des sogenannten „Christlichen Abendlandes" markiert wiederum den Sonderstatus des Christentums im westlich-säkularen Modell, das als Wegbereiterin säkularer Herrschaft und Vorzeigemodell einer „aufgeklärten" Religion verteidigt wird (ebd.: 4; Maldonado-Torres 2008: 369-365).

Genauer betrachtet geht die ideologische Schließung ab 1989 jedoch deutlich tiefer und trifft letztlich auch wesentliche Elemente christlichen Glaubens. Denn diese richtet sich gegen jede Form alternativer normativer Bezüge zur individualistischen Ethik und Marktgläubigkeit des bürgerlichen Liberalismus und damit gegen Religion schlechthin. Mit Francis Fukuyamas These vom „Ende der Geschichte" (1992) und Margaret Thatchers Behauptung von der Alternativlosigkeit des globalisierten bürgerlich-liberalen Kapitalismus (1980) wird jedem Glauben, der nicht in den Prinzipien dieses Gesellschaftssystems seine höchste Instanz findet, die

MAGDALENA ANDREA KRAUS, JONATHAN SCALET

Berechtigung abgesprochen. Beide postulieren die gegenwärtige Gesellschaftsordnung als höchstmögliche und endgültige menschliche Realisierungsform und bringen damit jeden utopischen Horizont einer besseren oder auch nur anderen Zukunft zum Verschwinden. Das Menschen Mögliche erschöpfe sich im Seienden. Dadurch geht jegliche Transzendenz verloren. Genau diese transzendentale Behauptung eines Wirklichkeits- und Möglichkeitshorizonts, der über das diesseitige, historisch gegenwärtig Bestehende hinausgeht, macht aber einen zentralen Kern religiösen Glaubens aus und bildet den Grund einer unzerstörbaren Hoffnung auf Veränderung und Befreiung. Fukuyamas These und Thatchers Behauptung markieren somit den Höhepunkt jener radikalen Säkularisierungsbewegung, die Max Weber Anfang des 20. Jahrhunderts als „Entzauberung der Welt" (Weber 2002: 488) bezeichnet hat und in der mit Marx „alles Heilige [...] entweiht" (Marx/Engels 2005: 23) und im „eiskalten Wasser egoistischer Berechnung ertränkt" (ebd.: 22) wird (vgl. Löwy 2008: 356f.).

Der dekoloniale Philosoph Nelson Maldonado-Torres versteht Säkularismus daher als die neue, eigentliche Religion bzw. Meta-Ideologie der Moderne, also als breit geteilten hegemonialen Konsens, dessen Grundannahmen über gegensätzliche ideologische, politische und theoretische Positionen hinweg unhinterfragt übernommen werden (Maldonado-Torres 2008: 360, 364f.). Als solche aber würde sie einen zentralen Bestandteil dessen ausmachen, was dekoloniale Denker*innen als „Ego-Politik" bezeichnet haben – als unzulässige Totalisierung der eigenen ethno- bzw. egozentrischen Erfahrungen, Perspektiven, Kenntnisse und Prinzipien zur vermeintlich universellen, globalen Norm (vgl. ebd.: 62-66; Grosfoguel 2012: 88-95; Dussel 1989b: 16f.). Denn die säkulare Norm lehne zwar vordergründig jeden Bezug auf Traditionen, überlieferte Verhältnisse und dogmatische Glaubenssätze ab und mache die menschliche Vernunft zur einzig legitimen Begründungsinstanz in gesellschaftlichen wie wissenschaftlichen Aushandlungen. Damit würden die Menschen aber eben nur scheinbar zur einzigen und absoluten Legitimationsgrundlage gesellschaftlicher Institutionen und Verhältnisse. Tatsächlich sei hier jedoch nicht an die reale Vielfalt menschlicher Lebens-, Denk-, Glaubens- und Handlungsformen gedacht, sondern an die Inthronisierung eines ganz spezifischen, eben säkularen, westlich-bürgerlich-liberalen Menschenbildes, das seinen erkenntnistheoretischen Horizont auf die Grundlagen der westlichen Episteme und seine ethische Orientierung auf die Maxime individueller (Markt-)Freiheit und Nutzenmaximierung reduziere (Maldonado-Torres 2008: 367-369).

Säkularisierung wird aus dieser Perspektive eben nicht als universalgeschichtliche Entwicklung verstanden, sondern als europäischer Sonderweg. So erklärte der lateinamerikanische Marxist José Carlos Mariátegui bereits in den 1920er Jahren den säkularen bzw. antiklerikalen Charakter der revolutionären Kräfte in Europa aus der spezifischen historischen Konstellation der bürgerlichen Revolutionen. Der Säkularismus sei demnach eigentlich eine wesentlich bürgerliche Ideologie, die dem Widerstand gegen ein feudales, christlich-religiös begründetes Herrschaftssystem entspringe und in anderen historischen Kontexten daher kaum von Nutzen sei (Mariátegui 2007: 154f.). Darüber hinausgehend betrachtet er die kommunistische Idee aufgrund ihres radikalen utopischen Charakters selbst als wesentlich religiöses Konzept (ebd.: 220).

Mit Maldonado-Torres ist die Entstehung des „westlichen" Säkularismus jedoch nicht allein als europäischer Sonderweg zu betrachten, sondern selbst eng mit jenem Fortschrittsglauben der Aufklärung verbunden, der diesen Sonderweg zur universalgeschichtlichen Norm erhebt – und damit mit der Geschichte des europäischen Imperialismus. Bereits die Wortherkunft vom lateinischen *saeculum* für Zeitalter oder Jahrhundert markiert die säkulare Trennung von politischer und religiöser Sphäre als weltgeschichtlichen Epochenbruch. Diese Trennung wird also als Aufkommen eines neuen Zeitalters postuliert, als Zeitalter des Menschen, in dem alle traditionellen Bindungen, alle überlieferten Normen und Glaubensvorstellungen ihre Autorität verlieren und das rationale Individuum zu seiner vollen Herrschaft gelangt (Maldonado-Torres 2008: 362). Dieser Bruch wiederum müsse im säkularen Verständnis von allen Gesellschaften nach europäischem Vorbild nachvollzogen werden. Damit löse infolge der bürgerlichen Revolutionen der säkulare Charakter des westlich-aufklärerischen Zivilisierungsprojekts den religiösen Charakter des christlichen Missionierungsprojekts als zentrale Legitimationsinstanz kolonialer Eroberung und Herrschaft ab: „Secularism inherits from imperial Christianity a fundamental impetus either to convert, to control, or to radically domesticate other epistemes [...]. The secular-religious divide has come to work in ways similar to the Christian-pagan divide" (ebd.: 382; 364-370). Während der imperialistische, eurozentrische und rassistische Charakter dieses „Zivilisierungsprojektes" im Zuge anti- und postkolonialer Theoriebildung jedoch vielfach und in vielerlei Hinsicht kritisiert und dekonstruiert wurde, bleibe die säkulare Norm auch in diesen kritischen Diskursen bis heute oft unhinterfragt bestehen. „Western academy", so die US-amerikanische Politikwissenschaftlerin Wendy Brown, „is governed by the presumptive secularism of critique" (2013: 2). Dementsprechend blieben auch anti- und postkoloniale Diskurse häufig einem letztlich aufklärerischen Verständnis kritischen Denkens verhaftet, das auf der Annahme beruhe, „that the true, the objective, the real, the rational, and even the scientific emerge only with the shedding of religious authority or ‚prejudice'" (ebd.: 5). Dieses säkulare Grundverständnis werde in Teilen postkolonialer Diskurse, so Maldonado-Torres, somit zum Double-bind, zum blinden Fleck, der dazu beitrage, genau jene diskursiven Machtverhältnisse und Ausschlüsse zu reproduzieren, die sie eigentlich zu überwinden trachteten (Maldonado-Torres 2008: 375-380). So würde etwa Edward Said in seiner stereotypen Darstellung von Religionen als Quelle von Aberglauben und Repression genau jenes „Othering" einsetzen, das er am europäischen „Orientalismus" so scharf kritisierte (ebd.: 375f.; Hart 2000: 86).

Wenn kulturellen Traditionen, überlieferten Wissensinhalten und Glaubensvorstellungen aber jede Rationalität und jegliches kritische Potenzial abgesprochen werde, bliebe der epistemische Ausschluss subalterner und kolonialisierter Stimmen in weiten Teilen unangetastet. Damit werde die vielfach kritisierte eurozentrische Schließung gegenüber alternativen epistemischen und ethischen Quellen reproduziert, die sich eben häufig in religiöser Form artikulieren: „When religion is understood to be antithetic to critical thinking and theory, there is no real need to seriously engage ideas articulated from religious perspectives. If the subaltern happens to be religious, then the postcolonial theorist herself makes sure that she will never speak" (Maldonado-Torres 2008: 378). Dies bedeutet im Umkehrschluss freilich nicht, dass die solcherart verdeckten und abgewerteten Perspektiven per se befreiend sind. Denn selbstverständlich wurden und werden auch präkoloniale oder kolonial überschriebene subalterne religiöse Praktiken immer wieder zur Rechtfertigung herrschaftlicher und repressiver Strukturen und Ansprüche genutzt. Die Problematik liegt vielmehr darin, dass die Totalisierung einer säkularen Norm diese Weltsichten und deren anderen Blick, deren Einspruch und Kritik von vornherein verwirft und damit eine differenzierte Auseinandersetzung mit ihren möglichen kritisch-befreienden, aber auch herrschaftlich-unterdrückerischen Elementen und Potenzialen unmöglich macht.

4. Religion als historische und gegenwärtige Realität und Quelle von Widerständigkeit am Beispiel Lateinamerikas

In einer kritischen Perspektive, in der die säkulare Norm dominant ist, werden religiöse Bezüge und Stimmen für bestimmte widerständige Diskurse und Praktiken ausgeblendet. Diesen theoretischen und diskursiven Ausschlüssen steht jedoch eine Realität gegenüber, in der Religion vielfach zur Quelle von Gesellschaftskritik und Widerstand gegen Herrschaftsverhältnisse wurde und wird. Am Beispiel Lateinamerikas wird deutlich, dass viele soziale Kämpfe um Befreiung und Unabhängigkeit in der Geschichte in säkular bestimmten Diskursen nicht gesehen werden können bzw. die zentrale Bedeutung des religiösen Aspektes unbeachtet bleibt, obwohl sich diese affirmativ und dezidiert auf den christlichen Glauben berufen. Das Religiös-Transzendente als mögliche Quelle für Widerständigkeit beschränkt sich selbstverständlich nicht auf das Christentum. Gerade in postkolonialen Kontexten spielen häufig auch andere Religionen oder indigene Kosmovisionen und Spiritualitäten eine wichtige Rolle.

Im Folgenden ist unser Blick jedoch vor allem auf christliche Religion gerichtet, der eine besondere Ambivalenz zwischen Unterdrückung und Befreiung zukommt, da die weltweite Präsenz und Dimension auf koloniale Invasionen zurückgeht. Der christliche Glaube diente in diesen als legitimierende Grundlage für Invasion und Unterwerfung und rechtfertigte im Namen der Glaubensverkündigung Sklaverei, „Morden, Stehlen und Foltern" (Dussel 1989a: 14). Auch in der Gegenwart dürfen koloniale Kontinuitäten nicht außer Acht gelassen werden, die sich in gewaltvoller Entfremdung – der Verdrängung und Abwertung indigener

Kosmovisionen und vom Christlichen abweichenden Glaubensformen – und der Funktion von Religion als Kontrollmechanismus der ehemals kolonisierten Bevölkerung zeigen (vgl. Quijano 2000: 210; Estermann 2017: 111).

Nichtsdestotrotz sollte bei der Beschäftigung mit Religion in Vergangenheit und Gegenwart die Bedeutung des Christentums für antikolonialen Widerstand und radikale Kritik an imperialen Herrschaftsverhältnissen Beachtung finden. Historisch wird diese anhand des lateinamerikanischen Kontextes deutlich: Bereits im 16. Jahrhundert, am Beginn der *conquista* Amerikas, regten sich widerständige Stimmen, wie jene des Dominikaners Bartolomé de las Casas, der die koloniale Gewalt anklagte und eine kritische, gegenhegemoniale Positionierung aus einer christlichen Perspektive einnahm (vgl. Schelkshorn 2013: 268). Zugleich mit der Unterwerfung der kolonisierten Bevölkerung unter eine christliche Herrschaftsideologie wurde der christliche Glaube durch die Kolonisierten selbst in Frage gestellt und angeklagt, aber auch angeeignet und (neu) interpretiert. Der quechuasprachige Guaman Poma de Ayala, der aus Ayacucho (in den Anden Perus) stammte, formulierte zu Beginn des 17. Jahrhunderts seine *Nueva Crónica y Buen Gobierno* (1998), in der er u.a. auf Basis der christlichen Moral die spanische Kolonialherrschaft radikal kritisierte und deren Abschaffung forderte (vgl. dazu Schelkshorn 2013: 270f.). Enrique Dussel (2013) bezeichnet sein Werk als eine vorausschauend konzipierte „ausdrückliche *Theologie der Befreiung*" (ebd.: 89/Hervorh. i. O.): „Denjenigen, der vorgibt Christ zu sein, bringt er in einen offensichtlichen performativen Widerspruch zwischen seinen perversen Taten und den ethischen Geboten des Christentums selbst" (ebd.: 93f.).

Der christliche Glaube spielte darüber hinaus für zahlreiche weitere antiimperiale Gegenstimmen/-projekte als Widerstandsressource eine zentrale Rolle. Die Aneignungen christlicher Traditionen und deren Neuinterpretationen zeigen sich noch heute in der mannigfaltigen synkretistischen bzw. kulturell-religiös mehrbezüglichen Praxis. Die kreativen Neuschöpfungen reflektieren die seit der Conquista entstandene heterogene Realität mit ihren vielfältigen Bezugsrahmen – was europäische bzw. abendländische Denkkategorien oftmals in gewisser Weise sprengt und ausweitet. Auch wenn die lateinamerikanische Amtskirche bis in die Gegenwart durch koloniale Kontinuitäten und Ausschlüsse geprägt ist, so kann gerade aufgrund der historischen Bedeutung des Christentums für antikoloniale Widerstände nicht davon gesprochen werden, dass bis ins 20. Jahrhundert „diese Kirche ausschließlich europäisch geprägt" (Kaller-Dietrich 2008: 74) war. Eine derartige Perspektive minimiert die Handlungsmacht der Kolonisierten und übersieht die vielfältigen Aneignungsprozesse, die bereits mit der Conquista selbst ihren Anfang nahmen. Enrique Dussel (1989a: 33) betont diesbezüglich, dass – wenn auch von der Theologie des europäischen Zentrums beeinflusst – durch Las Casas und andere zu Beginn des 16. Jahrhunderts bereits „eine kreative Theologie in Lateinamerika um vier Jahrhunderte vorweggenommen wurde", die das Unrecht der Conquista als Sünde benannte und ihren Ausgangspunkt in der nichtakademischen Praxis hatte.

Diese Aneignungen sind demnach als Praxis des Widerstandes zu sehen und gerade aufgrund der Geschichte des europäischen Christentums am amerikanischen Kontinent, welche eben keine Erzählung der Befreiung darstellte, eine Voraussetzung dafür, dass christliche Werte auch zum Movens antikolonialer Befreiungskämpfe werden konnten. Ein gegenwärtiges Beispiel für eine kontextuelle Interpretation christlicher Motive, die als subversiv bezeichnet werden kann, stellt das peruanische Lied „De España nos llegó Cristo" (dt.: Aus Spanien kam Christus zu uns) dar, das dem im nordperuanischen Piura populären Musik- und Tanzgenre des Tondero entspricht. Der Tondero beinhaltet südspanische, afrikanische und präkolonial-indigene Elemente und wird nach wie vor von der ruralen und nichtweißen Bevölkerung getanzt, ist also Ausdruck der *cultura popular*. Der Text stellt sich wie folgt dar: „Christus kam aus Spanien zu uns, aber auch der (Kolonial-)Herr, der (Kolonial-)Herr hat genau, wie er Christus gekreuzigt hat, auch den Schwarzen (Sklaven) gekreuzigt". Kritik und Widerstand unter Bezugnahme auf christliche Positionen sind Bestandteil der peruanischen Geschichte seit der *conquista*. Darin zeigt sich ein ernst zu nehmendes Potenzial für Gesellschaftskritik, das sich in Lateinamerika im 20. Jahrhundert in der Theologie der Befreiung widerspiegelte.

In Lateinamerika fungiert der christliche Glaube in all seiner Ambivalenz also auch als Quelle für radikale Gesellschaftskritik. Gleichermaßen war er im südafrikanischen Befreiungskampf gegen die Apartheid von

Bedeutung, und auch Mahatma Gandhi (zit. nach Weber 2020: 9) war von den Aussagen der Bergpredigt Jesus beeindruckt: „Ihr Christen habt in eurer Obhut ein Dokument mit genug Dynamit in sich, die gesamte Zivilisation in Stücke zu blasen, die Welt auf den Kopf zu stellen" (ebd.). Diese Funktion des Christentums beschränkt sich nicht auf den latein-amerikanischen Kontext und auf antikoloniale Kämpfe. Einige Schlag-lichter zeigen, dass christliche Religion immer wieder zur Referenz wurde, um sich gegen bestehende Herrschaftsverhältnisse zur Wehr zu setzen: So spielte das Christentum in Österreich und Deutschland für den anti-faschistischen Widerstand (u.a. Franz Jägerstätter, Dietrich Bonhoeffer, Alfred Delp) eine wichtige Rolle und zeigt sich gegenwärtig im Kirchen-asyl und im Einsatz für Klimagerechtigkeit. Erst Anfang Juni 2021 wurde eine Ordensfrau in Deutschland strafrechtlich verurteilt, weil sie zwei Nigerianerinnen Kirchenasyl gewährt hatte. Über die lokale bzw. natio-nale Ebene hinaus war das Christentum für internationale Bewegungen wie den christlich-antimilitaristischen Widerstand prägend. Jakob Früh-mann und Cristina Yurena Zerr thematisieren dies im kürzlich erschienen Buch „Brot und Gesetze brechen" (2021).

Christliches Gedankengut wurde – und wird an vielen Orten der Welt nach wie vor – als Ressource für Gesellschaftskritik und widerstän-diges Handeln genutzt. Allgemeiner ist Religion ein nicht negierbares und prägendes Element von Lebenswelten, Teil der alltäglichen Sinnstiftung, der Welt- und Selbstinterpretation. Aufgrund dessen und aufgrund der historischen Bedeutung sollte sich eine kritische Entwicklungsforschung der Auseinandersetzung mit dieser aus einer globalen Perspektive anhal-tenden Realität stellen. Wenn subalterne, religiöse Gruppen nicht a priori als weniger vernunftbegabt oder intellektuell wahrgenommen bzw. sie als aktive Subjekte, die ihre eigenen Interessen kennen, ernst genommen werden sollen, dann müssen sich auch kritische Entwicklungsforschung und Sozialwissenschaften die Frage stellen, warum entgegen zahlreicher Vorhersagen Religion(en) im 21. Jahrhundert nicht einfach verschwunden sind. Dieser Frage stellt sich das vorliegende Heft im Rahmen seiner Beiträge insofern, als es christliche Religion auf unterschiedlichen Ebenen als Ressource und Anknüpfungspunkt für widerständisches Denken und Handeln thematisiert.

5. Kritische Gehalte von Religionen und Christentum – zu den Beiträgen

Religiöse Transzendenzbezüge behaupten ein „Außen" zu den Normalitäten der diesseitigen Welt. Das meint zum einen die Annahme einer tieferen Wirklichkeit, die über das empirisch mess- und sicht- bzw. sinnlich Wahrnehmbare hinausgeht. Zum anderen bezieht es sich auf die Vorstellung von ethisch-normativen Prinzipien und Instanzen, die noch über den historisch-kontextuellen juristischen Gesetzen und Regularien, aber auch Moralvorstellungen stehen. Diese Prinzipien wurden und werden immer wieder genutzt, um Herrschaftsansprüche zu legitimieren und gesellschaftliche Verhältnisse und Normen zu überzeitlichen Gegebenheiten „von Gottes Gnaden" zu verfestigen. Zugleich bleibt das Transzendente jedoch konstitutiv uneinholbar, es ist von Menschen per definitionem nicht vollständig erkenn- und realisierbar und damit auch niemals abschließend beanspruchbar. Somit stößt jede Vereinnahmung durch gesellschaftliche Autoritäten an eine unüberwindbare Grenze. Religiöse Transzendenzbezüge bieten somit einen normativen Bezugspunkt, einen utopischen Horizont des Vollkommenen, Guten und Gerechten, von dem jede historische Wirklichkeit in Frage gestellt, entnaturalisiert und auf ihre blinden Flecken und Verfehlungen hin überprüft werden kann. Welchen Charakter diese kritische Infragestellung und Entsakralisierung von der Transzendenz her annimmt, hängt freilich davon ab, wie diese göttliche Sphäre umschrieben und welche Inhalte und Prinzipien ihr gegeben werden. Der ethische Kompass einer Religion ist also noch lange nicht per se von vornherein befreiend, und er kann stets von unterschiedlichen Akteur*innen und für unterschiedliche Interessen angeeignet und reinterpretiert werden. In den Beiträgen dieses Hefts werfen wir einen Blick auf christliche Bestimmungen dieser höchsten Prinzipien und deren Potenzial für radikal-gesellschaftskritisches Denken und Handeln. Damit soll die Beschäftigung mit Religion und Entwicklung um eine theologisch informierte Auseinandersetzung mit der Frage, ob und inwiefern christlicher Glaube als ethische Ressource für radikal-befreiende Kritik und Transformation wirken kann, erweitert werden.

Bruno Kern schließt mit seinem Beitrag an Debatten um das Verhältnis von Christentum und Marxismus an. Dabei beleuchtet er Marx' Kritik der

Religion im doppelten Sinn und gibt darin neben der Kritik an Religion auch dem kritischen Potenzial von Religion einen Raum. Kern fragt des Weiteren nach dem unaufhebbaren Beitrag der Religion und konstatiert dabei die Unverfügbarkeit des Menschen und des Absoluten als Korrektiv für Fortschritts- und Technologiegläubigkeit, auch innerhalb des orthodoxen Marxismus. Angesichts gegenwärtiger globaler Herausforderungen sieht Bruno Kern in einer „Kosmologie der Befreiung" ein Desiderat für tiefgreifende Veränderungen und ein anderes Verhältnis zur natürlichen Mitwelt.

Sandra Lassak, Magdalena Kraus und Jonathan Scalet schließen in gewisser Weise daran an, wenn sie aus ökofeministischer und dekolonialer Perspektive einen Blick auf gegenwärtige Krisen und soziale Kämpfe in Lateinamerika werfen. Dabei wird deutlich, dass Theorie und Praxis aus Lateinamerika theoretische Herausforderungen und Anfragen an „westliche" feministische Befreiungstheologie stellen. Die Autor*innen sehen daher die Notwendigkeit der Dekolonisierung feministischer Befreiungstheologie durch die Transformation grundlegender Annahmen wie Androzentrismus, Anthropozentrismus und Dualismus. In einer „Ökosophie" – der Befreiung relational verwobener, leiblicher Körper-Territorien – sehen sie Möglichkeiten für eine transnationale ökofeministische Theologie.

Während die ersten beiden Beiträge v.a. gegen eurozentrische Verengungen und Schließungen des Christentums ankämpfen und die Inklusion der Pluralität menschlicher Lebens- und Wissensformen einfordern, macht Jan-Niklas Collet auf die Gefahren und Fallstricke einer Aufgabe universalistischer Ansprüche aufmerksam. Er zeigt am Beispiel des rechten Ethno-Pluralismus, wie vermeintlich differenzsensible Positionierungen und Kritik an (kultur-)imperialistischen Universalisierungen in die Verteidigung von Herrschaftsverhältnissen und Gewalt kippen können. Im Anschluss an den Befreiungstheologen Ignacio Ellacuría skizziert Collet Grundzüge eines antiessenzialistischen Universalismus, der seinen allgemeinen Gültigkeitsanspruch und sein verbindendes kollektivierendes Element in der Positionierung an der Seite der jeweils Schwach-Gemachten findet und dadurch mit jeglicher Abschließung und Homogenisierung bricht.

Abschließend führt der Essay von Jakob Frühmann die unterschiedlichen Stränge in der Frage nach praktischen Handlungsmöglichkeiten aus christlich-befreiender Motivation innerhalb der gewaltförmigen, kapitalistisch-rassistischen Gegenwart zusammen. Anhand seiner Erfahrungen in der Seenotrettung diskutiert er Möglichkeiten, Unmöglichkeiten und Fallstricke radikaler Praxis aus der hegemonialen Position eines weißen, männlichen Christen.

1   Eine Ausnahme bildet hier die Kultur- und Sozialanthropologie, die sich seit Jahrzehnten intensiv mit diesem Nexus auseinandersetzt. Allerdings liegt der Fokus meist stärker auf nichteuropäischen Religionen und Kosmovisionen und weniger auf den widerständigen Potenzialen der global dominanten und kolonial überformten christlichen Tradition.

2   Das Konzept der Entmenschlichung spielt eine zentrale Rolle im befreiungstheologischen Denken. Unterdrückung und Ungerechtigkeit wird dabei wesentlich negativ, nämlich als Negation der universellen Menschenliebe und des Gleichheitsimperativs christlicher Religion verstanden. Entmenschlichung als Unterdrückung des vollen Menschseins enthält verschiedene Aspekte: Zum einen werden damit deskriptiv jene Gruppen bezeichnet, deren vollwertiges Menschsein in herrschaftlich strukturierten Gesellschaften (durch rassistische, sexistische oder andere Essenzialisierungen) in Frage gestellt wird, um ihre Unterordnung zu rechtfertigen. Zum anderen werden damit auch all jene Mechanismen angesprochen, die Menschen die volle Entfaltung ihres Menschseins verwehren. Im christlichen Verständnis besteht dieses Ideal im Sinne eines schöpferischen Menschenbildes vor allem in der Realisierung menschlicher Handlungsmacht, Freiheit, Kreativität und Selbstbestimmung. In Abgrenzung zu liberalen Konzepten ist damit jedoch keine bloß individualistische Selbstentfaltung oder marktförmige Freiheit gemeint. Vielmehr könne die Entfaltung zu voller Menschlichkeit nur eingebettet in soziale Beziehungen und solidarische Gemeinschaftsgefüge gelingen. Damit seien – drittens – in herrschaftlich organisierten Gesellschaften auch die dominanten Gruppen entmenschlicht, die zu bloßen Funktionsträger*innen reduziert und eines sozialen und solidarischen menschlichen Wesens entfremdet würden.

3   Der Begriff „Trikont" war vor allem in den 1970er Jahren in linken Kreisen als alternative Sammelbezeichnung für die post- und neokolonial geprägten Länder Afrikas, Asiens und Lateinamerikas verbreitet. Der Begriff geht auf die „Trikontinentale Konferenz" zurück, die im Jänner 1966 in Cuba abgehalten wurde und darauf abzielte, ein globales revolutionäres Bündnis aller antiimperialistischen und antikolonialen Befreiungsbewegungen zu etablieren. Als Selbstbezeichnung mit klar politischem Anspruch galt „Trikont" als Gegenbegriff zu den gängigen essenzialistisch und abwertend konnotierten Konzepten wie „Dritte Welt" und „Entwicklungsländer".

Literatur

Arntz, Norbert (2017): Eine dienende und arme Kirche ist möglich! Papst Franziskus auf den Spuren des Katakombenpaktes. In: Gmainer-Pranzl, Franz/ Lassak, Sandra/Weiler, Birgit (Hg.): Theologie der Befreiung heute. Herausforderungen – Transformationen – Impulse. Innsbruck/Wien: Tyrolia, 481-502.

Assmann, Hugo (1984): Die Götzen der Unterdrückung und der befreiende Gott. Münster: edition Liberación.

Baquero, Patricia/Knauth, Thorsten/Schroeder, Joachim (1998): Befreiung als Paradigma in Pädagogik, Theologie und Philosophie. In: Knauth, Thorsten/ Schroeder, Joachim (Hg.): Über Befreiung. Befreiungspädagogik, Befreiungsphilosophie und Befreiungstheologie im Dialog. Münster u.a.: Waxmann, 11-92.

Becka, Michelle/Gmainer-Pranzl, Franz (Hg., 2021): Gustavo Gutierréz: Theologie der Befreiung (1971/2021). Der bleibende Impuls eines theologischen Klassikers. Innsbruck/Wien: Tyrolia.

Benjamin, Walter (2009 [1921]): Kapitalismus als Religion. In: Baecker, Dirk (Hg.): Kapitalismus als Religion. Berlin: Kadmos, 15-18.

Boff, Clodovis (1983): Theologie und Praxis. Die erkenntnistheoretischen Grundlagen der Theologie der Befreiung. München: Kaiser.

Boff, Clodovis (1986a): Mit den Füßen am Boden. Theologie aus dem Leben des Volkes. Düsseldorf: Patmos.

Boff, Clodovis (1986b): Die Befreiung der Armen. Reflexionen zum Grundanliegen der lateinamerikanischen Befreiungstheologie. Freiburg: Edition Exodus.

Boff, Leonardo (1982): Aus dem Tal der Tränen ins Gelobte Land. Der Weg der Kirche mit den Unterdrückten. Düsseldorf: Patmos.

Boff, Leonardo (1983): Die Neuentdeckung der Kirche. Basisgemeinden in Lateinamerika. Mainz: Grünewald.

Boff, Leonardo (1985): Kirche, Charisma und Macht. Studien zu einer streitbaren Ekklesiologie. Düsseldorf: Patmos.

Boff, Leonardo (1986): Jesus Christus. Der Befreier. Freiburg im Breisgau/Wien: Herder.

Boff, Leonardo/Boff, Clodovis (1986): Wie treibt man Theologie der Befreiung? Düsseldorf: Patmos.

Brown, Wendy (2013): Introduction. In: Asad, Talal/Brown, Wendy/Butler, Judith/ Mahmood, Saba (Hg.): Is Critique Secular? Blasphemy, Injury and Free Speech. New York: Fordham University Press, 1-13. https://doi.org/10.2307/j. cttic5cjtk.4

Câmara, Dom Hélder (1969): Revolution für den Frieden. Freiburg: Herder.

Câmara, Dom Hélder (1973): Hunger und Durst nach Gerechtigkeit. Reden und Ansprachen. Wien/Graz: Styria.

Câmara, Dom Hélder (1982): Hoffen wider alle Hoffnung. Zürich: Pendo-Verlag.

Câmara, Dom Hélder (1986): Gott lebt in den Armen. Olten u.a.: Walter.

Carbonnier, Gilles (2013): Religion and Development: Reconsidering Secularism as the Norm. In: International Development Policy/Revue internationale de politique de développement 4, 1-5. https://doi.org/10.1057/9781137329387_1

Cardenal, Ernesto (1971): Das Buch von der Liebe. Wuppertal-Barmen: Hammer.

Cardenal, Ernesto (1976): Das Evangelium der Bauern von Solentiname. Gespräche über das Leben Jesu in Lateinamerika. Wuppertal: Jugenddienst-Verlag.

Castillo, Fernando (1997): Zur Artikulation in der Sozialwissenschaft: Die Befreiungstheologie und die Sozialwissenschaften. In: Fornet-Betancourt, Raúl (Hg.): Befreiungstheologie: Kritischer Rückblick und Perspektiven für die Zukunft. Band I: Bilanz der letzten 25 Jahre (1968–1993). Mainz: Matthias-Grünewald, 177-190.

Catacombe Domitilla (2021 [1965]): Katakombenpakt: „Für eine dienende und arme Kirche". www.domitilla.info/idx.htm?var1=docs/pactes.htm, 16.07.2021.

CfS-BRD (1992): Selbstdarstellungspapier. In: ChristInnen für den Sozialismus (Hg.): Geschichte – Theorie – Praxisberichte. Münster: Eigenverlag, 217-218.

ChristInnen für den Sozialismus (2018): Was bedeutet CfS. www.chrisoz.de/wer-sind-die-christinnen-fuer-den-sozialismus/, 6.6.2021.

Codina, Victor (2017): Theologie der Befreiung: Überblick und Herausforderungen. In: Gmainer-Pranzl, Franz/Lassak, Sandra/Weiler, Birgit (Hg.): Theologie der Befreiung heute. Herausforderungen – Transformationen – Impulse. Innsbruck/Wien: Tyrolia, 13-26.

Daniel, Anna/Garling, Stephanie/Hillebrandt, Frank/Wienold, Hans (Hg., 2014): Religionen in Bewegung. Peripherie 134/135.

Deneulin, Severine/Bano, Masooda (2009): Religion in Development: Rewriting the Secular Script. London: Zed Books.

Deneulin, Severine/Rakodi, Carole (2011): Revisiting Religion: Development Studies Thirty Years On. In: World Development 39 (1), 45-54. https://doi.org/10.1016/j.worlddev.2010.05.007

Dienste in Übersee/Koberstein, Gerhard (Hg., 1982): Nicaragua. Revolution und christlicher Glaube. [Texte zum Kirchlichen Entwicklungsdienst 21]. Frankfurt am Main: Otto Lembeck.

Dussel, Enrique (1989a): Prophetie und Kritik. Entwurf einer Geschichte der Theologie in Lateinamerika. Fribourg/Brig: Edition Exodus.

Dussel, Enrique (1989b): Philosophie der Befreiung. Hamburg: Argument.

Dussel, Enrique (2013): Der Gegendiskurs der Moderne. Kölner Vorlesungen. Wien/Berlin: Turia+Kant.

Ellacuría, Ignacio (1995): Utopie und Prophetie. In: Ellacuría, Ignacio/Sobrino, Jon (Hg.): Mysterium Liberationis. Grundbegriffe der Theologie der Befreiung. Band 1. Luzern: Edition Exodus, 383-432.

Estermann, Josef (2017): Südwind. Kontextuelle nicht-abendländische Theologien im globalen Süden. Zürich/Wien/Münster: LIT-Verlag.

EZA (2021a): EZA-Chronik von 1975 – 1989. www.eza.cc/eza-chronik-1975-1989, 6.6.2021.

EZA (2021b): Das Unternehmen. www.eza.cc/das-unternehmen-eza-fairer-handel, 6.6.2021. https://doi.org/10.37755/sjip.v6i2.295

Faschingeder, Gerald (2003): Vom Pfarrflohmarkt bis zur professionellen NGO. Die Entwicklungszusammenarbeit der römisch-katholischen Kirche in Österreich. In: Gomes, Bea de Abreu Fialho/Hanak, Irmi/Schicho, Walter (Hg.): Die Praxis der Entwicklungszusammenarbeit. Akteure, Interessen und Handlungsmuster. [Gesellschaft, Entwicklung, Politik 1]. Wien: Mandelbaum, 177-194.

Faschingeder, Gerald (2007): Entwicklungsproduktive Religiositäten und Entwicklung als religiöse Idee – Zu den zahlreichen Möglichkeiten, das Verhältnis von Religion und Entwicklung zu denken. In: Faschingeder, Gerald/Six, Clemens (Hg.): Religion und Entwicklung. Wechselwirkungen in Staat und Gesellschaft. [Globalgeschichte und Entwicklungspolitik 4]. Wien: Mandelbaum, 16-59.

Faschingeder, Gerald (2010): Religion in der globalen Gesellschaft. In: Kolland, Franz/Dannecker, Petra/Gächter, August/Suter, Christian (Hg.): Soziologie in der globalen Gesellschaft. Eine Einführung. Wien: Mandelbaum, 327-354.

Faschingeder, Gerald/Six, Clemens (Hg., 2007): Religion und Entwicklung. Wechselwirkungen in Staat und Gesellschaft. [Globalgeschichte und Entwicklungspolitik 4]. Wien: Mandelbaum.

Fischer, Karin/Hauck, Gerhard/Boatcă, Manuela (Hg., 2016): Handbuch Entwicklungsforschung. Berlin: Springer. https://doi.org/10.1007/978-3-658-04790-0

Fornet-Betancourt, Raúl (2018): Die Antiimperialismusbewegung in Lateinamerika als Wegbereiterin dekolonialen Denkens. In: Pittl, Sebastian (Hg.): Theologie und Postkolonialismus. Ansätze – Herausforderungen – Perspektiven. Regensburg: Verlag Friedrich Pustet, 24-59.

Freire, Paulo (1971): Pädagogik der Unterdrückten. Stuttgart: Kreuz-Verlag.

Frühmann, Jakob/Zerr, Cristina Yurena (Hg., 2021): Brot und Gesetze brechen. Christlicher Antimilitarismus auf der Anklagebank. Wien/Berlin: Mandelbaum.

Fukuyama, Francis (1992): The End of History and the Last Man. London: Penguin.

Garling, Stefanie (2013): Vom Störfaktor zum Operator. Religion im Diskurs der Entwicklungszusammenarbeit. Wiesbaden: Springer. https://doi.org/10.1007/978-3-658-02483-3

González Faus, José Ignacio (1996): Sünde. In: Ellacuría, Ignacio/Sobrino, Jon (Hg.): Mysterium Liberationis. Grundbegriffe der Theologie der Befreiung. Band 2. Luzern: Edition Exodus, 725-740.

Grosfoguel, Ramón (2012): Decolonizing Western Uni-versalisms: Decolonial Pluri-versalism from Aimé Césaire to the Zapatistas. In: Journal of Peripheral Cultural Production of the Luso-Hispanic World 1 (3), 88-102. https://doi.org/10.5070/T413012884

Gutiérrez, Gustavo (1973): Theologie der Befreiung. München u.a.: Kaiser.

Gutiérrez, Gustavo (1984): Die historische Macht der Armen. München: Kaiser.

Gutiérrez, Gustavo (1986): Aus der eigenen Quelle trinken. Spiritualität der Befreiung. München/Mainz: Kaiser/Grünewald.

Guzman, German (1970): Camilo Torres. Persönlichkeit und Entscheidung. München: Kösel.

Hart, William D. (2000): Edward Said and the Religious Effects of Culture. Cambridge: Cambridge University Press. https://doi.org/10.1017/CBO9780511488412

Heuser, Andreas/Koehrsen, Jens (2020): From a Quiet Revolution to the Tolerance of Ambiguity: Religious NGOs in International Development Discourse. In: Heuser, Andreas/Koehrsen, Jens (Hg.): Does Religion Make a Difference? Religious NGOs in International Development Collaboration. Baden-Baden: Nomos, 13-40. https://doi.org/10.5771/9783748907633-13

Humer, Alexandra (2013): Solidarität mit Nicaragua? Städtepartnerschaften als Beispiel kommunaler EZA in Österreich und ihre Rolle in der OEZA. [ÖFSE-Forum 55]. Wien: Südwind.

Jones, Ben/Petersen, Marie Juul (2011): Instrumental, Narrow, Normative? Reviewing recent work on religion and development. In: Third World Quarterly 32 (7), 1291-1306. https://doi.org/10.1080/01436597.2011.596747

Kaller-Dietrich, Martina (2008): Theologie der Befreiung: Medellín 1968. In: Kastner, Jens/Mayer, David (Hg.): Weltwende 1968? Ein Jahr aus globalgeschichtlicher Perspektive. Wien/Berlin: Mandelbaum, 68-82.

Kanamüller, Ursula (1992): Solidaritätsarbeit: nutzlose Anstrengung? Möglichkeiten und Grenzen des Lernens in politischem Handeln am Beispiel der österreichischen Solidaritätsbewegung für Nicaragua (1979-1989). München/Wien: Profil.

Kern, Bruno (2013): Theologie der Befreiung. Tübingen: A. Francke.

Lateinamerikanische Bischofskonferenz (1979): Die Evangelisierung Lateinamerikas in Gegenwart und Zukunft. Dokument der III. Generalkonferenz des lateinamerikanischen Episkopats in Puebla, 13. Februar 1979. www.iupax.at/dl/ulktJmoJOKnJqx4KJKJmMJmNMn/1979-celam-puebla-die-evangelisierung-lateinamerikas-in-gegenwart-und-zukunft_pdf, 16.7.2021.

Löwy, Michael (2008): The Historical Meaning of Christianity of Liberation in Latin America. In: Moraña, Mabel/Dussel, Enrique/Jáuregui, Carlos A. (Hg.): Coloniality at Large. Latin America and the Postcolonial Debate. Durham/London: Duke University Press, 350-359.

Mariátegui, José Carlos (2007 [1928]): Siete Ensayos de Interpretación de la Realidad Peruana. Carácas: Fundación Biblioteca Ayacucho.

Maldonado-Torres, Nelson (2008): Secularism and Religion in the Modern/Colonial World-System: From Secular Postcoloniality to Postsecular Transmodernity. In: Moraña, Mabel/ Dussel, Enrique/Jáuregui, Carlos A. (Hg.): Coloniality at Large. Latin America and the Postcolonial Debate. Durham/London: Duke University Press, 360-384.

Marx, Karl (2005 [1867]): Das Kapital. Kritik der politischen Ökonomie. Erster Band. Buch 1: Der Produktionsprozeß des Kapitals. [MEW 23]. Berlin: Dietz.

Marx, Karl/Engels, Friedrich (2005 [1848]): Manifest der Kommunistischen Partei. Stuttgart: Reclam.

Müller, Gerd (2014): Das Potenzial von Religion für nachhaltige Entwicklung und Frieden. Grundsatzrede von Bundesminister Gerd Müller anlässlich des 1250-jährigen Jubiläums der Benediktinerabtei Ottobeuren am 19. Oktober 2014. www.bmz.de/de/presse/reden/minister_mueller/2014/Oktober/20141019_rede_religion.html, 19.11.2018.

Neue Wege (2021): Über uns. www.neuewege.ch/ueber-uns, 6.6.2021.

Obrovsky, Michael (2020): Zuschüsse privater Organisationen. In: ÖFSE (Hg.): Digitalization for Development? Challenges for Developing Countries. Österreichische Entwicklungspolitik: Analysen, Berichte, Informationen. Wien: Südwind, 111-120.

ÖFSE (2021a): Die Österreichische Entwicklungszusammenarbeit. Ein historischer Überblick. www.oefse.at/forschung/die-oesterreichische-entwicklungszusammenarbeit-historischer-ueberblick/, 19.6.2021.

ÖFSE (2021b): Von der Entwicklungshilfe zu den Sustainable Development Goals – SDGs. Meilensteine der österreichischen Entwicklungszusammenarbeit im internationalen Kontext. www.oefse.at/fileadmin/content/Downloads/Forschung/Zeittafel-web.pdf, 19.6.2021.

Papst Franziskus (2013): Evangelii gaudium. Apostolisches Schreiben. Rom: Vatikanische Druckerei.

Papst Franziskus (2015): Laudato Si – Über die Sorge für das gemeinsame Haus. Enzyklika. Rom: Vatikanische Druckerei.

Pilz, Brigitte (2001): Zum Beispiel fairer Handel. Göttingen: Lamuv.

Pittl, Sebastian (2018): Geschichtliche Realität und Kreuz. Der fundamentale Ort der Theologie bei Ignacio Ellacuría. Regensburg: Friedrich Pustet Verlag.

Poma de Ayala, Guaman (1998 [1615]): Nueva Crónica y Buen Gobierno (Antología). Lima: Editorial Horizonte.

Quijano, Aníbal (2000): Colonialidad del poder, eurocentrismo y América Latina. In: Lander, Edgardo (Hg.): La colonialidad del saber: eurocentrismo y ciencias sociales. Perspectivas latinoamericanas. Buenos Aires: CLACSO, 201-246.

Rahner, Karl (1979): Die bleibende Bedeutung des Zweiten Vatikanischen Konzils. In: Stimmen der Zeit, 795-806. www.herder.de/stz/wiedergelesen/die-bleibende-bedeutung-des-zweiten-vatikanischen-konzils/, 17.7.2021.

REPAM (2018): Amazonien – Neue Wege für die Kirche und eine ganzheitliche Ökologie. Vorbereitungsdokument. Edições CNBB.

Romero, Oscar Arnulfo (1982). Die notwendige Revolution. München: Kaiser.

Rybak, Jan (2015): Eine sehr besondere Revolution, die ich kennenlernen wollte: die österreichische Nicaragua-Solidaritätsbewegung 1979–1990. Bremen: Wiener Verlag für Sozialforschung.

Sauer, Walter (2021): Anti-Apartheid-Bewegung in Österreich. Ein Rückblick. www.sadocc.at/sadocc.at/aab.shtml,16.7.2021.

Schelkshorn, Hans (2013): Denken an den Grenzen der europäischen Moderne. Zur Bedeutung der „lateinamerikanischen" Philosophie für die Suche nach einer gerechten Weltgesellschaft. In: Münnix, Gabriele (Hg.): Wertetraditionen und Wertekonflikte. Ethik in Zeiten der Globalisierung. Nordhausen: Traugott Bautz, 263-280.

Sobrino, Jon (1997): Die Theologie und das „Prinzip Befreiung". Reflexion aus El Salvador. In: Fornet-Betancourt, Raúl (Hg.): Befreiungstheologie: Kritischer Rückblick und Perspektiven für die Zukunft. Band II: Kritische Auswertung und neue Herausforderungen. Mainz: Grünewald, 187-213.

Sobrino, Jon (2006): Extra pauperes nulla salus. Pequeño ensayo utópico-proféctico. In: Revista Latinoamericana de Teología. San Salvador: UCA, 219-261. https://doi.org/10.51378/rlt.v23i69.5018

Thatcher, Margaret (1980): Speech to Conservative Women's Conference. 21.05.1980. www.margaretthatcher.org/document/104368, 16.7.2021.

Tomalin, Emma (Hg., 2015): The Routledge Handbook of Religions and Global Development. Routledge International Handbooks. London/New York: Routledge. https://doi.org/10.4324/9780203694442

Tomalin, Emma (2021): Religions and development: a paradigm shift or business as usual? In: Religion 51 (1), 105-124. https://doi.org/10.1080/0048721X.2020.1792055

Weber, Christian (2020): Wie andere Kulturen die Bibel sehen. Zürich: Theologischer Verlag.

Weber, Max (2002 [1919]): Wissenschaft als Beruf. In: Kaesler, Dirk (Hg.): Max Weber. Schriften 1894-1922. Stuttgart: Alfred Kröner Verlag, 474-511.

Magdalena Andrea Kraus
magdalena.kraus@univie.ac.at

Jonathan Scalet
jonathan.scalet@gmail.com

Journal für Entwicklungspolitik XXXVII, 3-2021, S. 39–59

Bruno Kern

Kritik der Religion nach Karl Marx.
Vom Sinn der Gottrede in säkularer Zeit

ABSTRACT *Soziale Bewegungen und die vielfältigen Formen der Selbstorganisation marginalisierter Gruppen im Globalen Süden sind oftmals von Menschen und Gemeinden entscheidend geprägt, deren Engagement religiös motiviert ist. Dieses Phänomen fordert dazu heraus, die Marx'sche Religionskritik neu zu bedenken. Für Marx selbst war Religion nicht nur falsches Bewusstsein, er erkannte in ihr durchaus ein Protestpotenzial. Das wäre nicht zuletzt angesichts der aktuellen ökologischen Krise neu zu entdecken. Dieser Beitrag möchte in kritischer Auseinandersetzung mit Marx zeigen, dass Religionen unverzichtbare Sinnressourcen für die tiefgreifende gesellschaftliche Transformation, die wir bewältigen müssen, bereitstellen können.*

KEYWORDS *Kritik der Religion, (Öko-)Theologie der Befreiung, Kontingenz, Fetischismus, Kosmologie*

1. Vorbemerkung

Mit Bedacht spreche ich in diesem Beitrag von *Kritik der Religion* anstelle von Religionskritik, weil es mir auf beides zugleich ankommt: auf das Säurebad der Kritik, dem die Religion ausgesetzt wird, aber ebenso auf die kritische Perspektive, die die Religion gegenüber der Gesellschaft erschließen kann. Religion hat sich heute vor dem Forum der Vernunft zu bewähren, wenn sie noch Relevanz besitzen will, doch sie enthält ihrerseits ein kritisches Potenzial, das vermutlich dringender denn je entfaltet werden muss. Marx selbst war sich dieses kritischen Potenzials bewusst, wie weiter unten noch gezeigt werden soll. Im Lauf der Geschichte haben sich Grund-haltungen und Themen, die sich aus religiösen Quellen speisen, immer wieder als gesellschaftsveränderndes Ferment bewährt. In reflektierter Form haben in jüngerer Zeit die sogenannte „neue Politische Theologie" und die – von Lateinamerika ausgehende, aber bald den gesamten Globalen Süden durchdringende – „Theologie der Befreiung" diese gesellschaftskritische Dimension von Religion in ihr eigenes Selbstverständnis aufgenommen.

Es ist ein einmaliger Vorgang innerhalb der mehr als zweitausend-jährigen Kirchengeschichte, dass an der Peripherie der Weltgesellschaft und damit zugleich an der Peripherie der Weltkirche ein theologischer Neuansatz, ein neues Paradigma für die Theologie insgesamt, entsteht. Dessen Subjekte sind nicht in erster Linie die Theologinnen und Theo-logen, sondern die Armgemachten, die an den Rand Gedrängten und deren vielfältige Formen von Selbstorganisation. Die professionelle Theo-logie versteht sich hier als die kritische Reflexion dieser Praxis im Licht des Glaubens. Die Auseinandersetzung mit der Marx'schen Religionskritik gewann in diesem Zusammenhang gerade deshalb eine besondere Brisanz, weil man sich auf der Ebene der ökonomischen Analyse ausdrücklich auf zentrale Elemente einer marxistischen Theorie berief.

Zu meinem Verständnis von Karl Marx: Ich unterscheide zunächst seine eigene kritische Gesellschaftstheorie und deren philosophische Implikationen und Voraussetzungen von der dogmatischen Weltan-schauung, zu der sie bereits Friedrich Engels verfälscht hat (vgl. dazu meinen Kommentar in Engels 2020: 91-98). Des Weiteren teile ich mit Axel Honneth (Honneth 2015) die Auffassung, dass man Marx von den Schla-cken des 19. Jahrhunderts befreien muss, wenn man sein unverzichtbares Erbe bewahren und fruchtbar machen will. Zu diesen zeitbedingten Schla-cken zähle ich im Anschluss an Honneth Marx' unkritisches Verhältnis zu Industrialismus und Produktivismus, einen wenigstens ansatzweise vorhandenen Geschichtsdeterminismus sowie eine Vernachlässigung der Ausgestaltung der politischen Sphäre (vgl. vor allem Kern 2020: 184-207).

Was die Verhältnisbestimmung von Religion und öffentlicher, politi-scher Sphäre betrifft, ist für mich das Selbstverständnis der Theologie der Befreiung entscheidend: Weder die Analyse der ökonomisch-politischen Wirklichkeit noch die Begründung konkreter politischer Optionen darf

BRUNO KERN

sich unmittelbar auf eine weltanschauliche Sondertradition berufen (das gilt übrigens auch für säkulare Weltanschauungen wie etwa einen „dialektischen Materialismus"), ohne unter das Verdikt des Ideologieverdachts zu fallen. Eine Praxis, die sich am unteilbaren Lebensrecht aller orientiert, bedarf keiner Rechtfertigung von außen, keiner eigenen inhaltlichen weltanschaulichen Legitimation. Und umgekehrt vermittelt ein weltanschaulicher Standpunkt keine privilegierten Einsichten in die Mechanismen von Ökonomie und Politik. Religion als eine bestimmte existenzielle Stellungnahme zum Dasein insgesamt kommt hier auf der Ebene der „Letztmotivation" des Handelns ins Spiel. Jedes (politische) Engagement weist nämlich eine irreduzible existenzielle Dimension auf: Keine noch so überzeugende Analyse garantiert bereits die Freisetzung entsprechender Handlungspotenziale. In der öffentlichen Sphäre unterliegen Menschen, deren Selbstverständnis von einer bestimmten „Weltanschauung" geprägt ist, dem Anspruch, ihre politischen Grundoptionen so zu übersetzen, dass sie unabhängig vom eigenen weltanschaulichen Hintergrund intersubjektiv vermittelbar und konsensfähig sind (vgl. Kern 2014: 35).

Genau diese Unterscheidung der Ebenen hat es dem Christentum der Befreiung im Globalen Süden möglich gemacht, ohne jede Anmaßung eines christlichen „Propriums", das heißt von Inhalten, die ihre Begründung selbst kurzschlüssig aus der eigenen Tradition herleiten, gesellschaftliche Bündnisse einzugehen und die vielfältigen Formen der Selbstorganisation der Unterdrückten, die Landlosenbewegung, die authentischen Gewerkschaften, den indigenen Widerstand usw. zu stärken.

Dieses laizistische Verständnis ist allerdings klar zu unterscheiden von der Auffassung von Religion als „Privatsache". Bereits die europäische neue Politische Theologie, wie sie vor allem Johann Baptist Metz, Jürgen Moltmann und Dorothee Sölle[1] ausformuliert haben, hat darauf aufmerksam gemacht: Wenn die Theologie ihre gesellschaftliche und geschichtliche Bedingtheit nicht in ihre eigene Reflexion mit aufnimmt, läuft sie Gefahr, unbewusst und ungewollt, gleichsam „von hinten", ideologisch aufgeladen zu werden und die bestehenden Verhältnisse schlicht zu verdoppeln. Daraus ergab sich ein konsequentes „Entprivatisierungsprogramm" für die Theologie selbst. Den ideologischen Kern der Redeweise von der Religion als Privatsache hat Eugen Drewermann[2] treffsicher herausgestellt:

„Zu den Verschleierungstaktiken der kapitalistischen Gesellschafts„ordnung"
gehört es, dass sie [...] Grundsatzfragen als Zeitvergeudung ausklammert. Der
Eindruck herrscht – und soll herrschen –, dass Weltanschauungs- und Glau-
bensüberzeugungen allenfalls privat von Belang sind, gesellschaftlich aber als
neutral und irrelevant zu betrachten seien; für nicht hinterfragbar gelten allein
die Betriebsvorschriften des Kapitalismus selber –, dass gerade er ein Glaubens-
system darstellt, gehört zu den Bewusstseinsinhalten, die verdrängt werden
müssen, um das System funktionsfähig zu halten" (Drewermann 2017: 378).

Das Wort „Gott" kann niemals eine partikulare Größe meinen, es
hat nur dann überhaupt einen Sinn, wenn es die Wirklichkeit insgesamt
betrifft. Wenn dem aber so ist: Müssen dann religiöse Menschen nicht
zwangsläufig ein integralistisches, theokratisches, totalitäres Verhältnis
gegenüber dem Politischen entwickeln? Wie ist ihr religiöses Selbstverständnis zu vereinbaren mit der Anerkenntnis einer recht verstandenen
Autonomie dieser Sphäre? Für die jüdisch-christliche Tradition hat Johann
Baptist Metz diese Frage meines Erachtens überzeugend beantwortet. Er
weist darauf hin, dass das Gott-Welt-Verhältnis in Judentum und Chris-
tentum *inhaltlich qualifiziert* ist durch die Identifikation Gottes mit den
Leidenden. Demnach verweist das jüdisch-christliche Verständnis von
Gott von sich aus darauf, dass es nur eine einzige Autorität gibt, die als
absolut gelten kann: die Autorität der Leidenden (vgl. Metz 2006: 74).
Genau dies aber deckt sich mit der Pointe der klassischen Passage der
Marx'schen Religionskritik, wie er sie in *Vorwort zur Kritik der Hegel'schen
Rechtsphilosophie* formuliert:

„Die Kritik der Religion endet mit der Lehre, dass der Mensch das höchste
Wesen für den Menschen sei, also mit dem kategorischen Imperativ, alle Verhältnisse umzuwerfen, in denen der Mensch ein erniedrigtes, ein geknechtetes, ein
verlassenes, ein verächtliches Wesen ist" (MEW 1: 385).

Nach einer Darstellung der und Auseinandersetzung mit den zentralen religionskritischen Motiven bei Marx werde ich die vor allem von
Leonardo Boff entwickelte „Ökotheologie der Befreiung" als den Versuch
darstellen, in unserer aktuellen Katastrophensituation Sinnpotenziale für
politisches Handeln freizusetzen. Die Daseinsberechtigung von Religion

entscheidet sich – gerade im Ausgang von Marx' Religionskritik – an diesem Kriterium der praktisch-politischen Relevanz.

2. Religionskritische Motive bei Karl Marx

Wenig bekannt ist Marx' erste Religionskritik aus einer Zeit, in der er noch weit entfernt war von seinen späteren gesellschaftspolitischen Positionen sowie von seinem „historischen Materialismus". Ganz im Sinne der Junghegelianer, vor allem seines Mentors, des (atheistischen) Theologen Bruno Bauer, vertritt Marx zunächst dessen Philosophie des Selbstbewusstseins. G.W.F. Hegel hatte – in Vollendung des Deutschen Idealismus – die gesamte Wirklichkeit in all ihren Erscheinungsformen (Natur, Geschichte und Gesellschaft gleichermaßen) als die Selbstentäußerung des absoluten Geistes (also Gottes) begriffen. Modell hierfür war die reflexive Struktur des Selbstbewusstseins: In der Reflexion auf sich selbst fallen Reflektierendes und Reflektiertes in eins. Dieser dynamische Prozess gilt für Hegel nicht nur für unsere subjektive Erfahrung, sie ist vielmehr konstitutiv für die Wirklichkeit insgesamt. Im menschlichen Selbstbewusstsein kommt der sich entäußernde absolute Geist zu sich selbst.

Es ist nun nicht schwer, diesen Gedanken religionskritisch zu wenden und umgekehrt den absoluten Geist als dem endlichen menschlichen Selbstbewusstsein entspringend anzunehmen. Im Nachwort zu seiner Doktorarbeit (über die beiden atomistischen Philosophen Demokrit und Epikur) erweist sich Marx diesbezüglich noch ganz als Schüler Bruno Bauers. Im Sinne von dessen Philosophie zeigt er auf, dass Religion nichts als Tautologie des Selbstbewusstseins ist. Sie erschließt keinen eigenen Erkenntniszugang zur Wirklichkeit, sondern bringt lediglich in mythologischer, nichtreflexiver Sprache zum Ausdruck, was die Philosophie viel adäquater formuliert. Religion als Tautologie: Diese erste Dekonstruktion der Religion durch Karl Marx ist nicht minder radikal als seine spätere, viel bekanntere Religionskritik. Demgegenüber wäre es die Aufgabe der Theologie, so sie denn vor dieser Kritik bestehen will, den eigenständigen, nicht reduzierbaren Sinn der Gottrede aufzuzeigen: Sie müsste deutlich machen, inwiefern das existenzielle Setzen darauf, dass unser geschichtliches Engagement nicht ins Leere läuft, dass ihm eine Zukunft über das menschlich

Machbare hinaus vorbehalten ist, die auch die zahlreichen Opfer, auf der Strecke Gebliebenen und Toten mit einschließt, ein anderes, solidarisches praktisches Verhältnis zur Welt bewirken kann.

Religionskritisch relevant sind ebenso die 1844 in Paris entstandenen *Ökonomisch-philosophischen Manuskripte*, auch *Pariser Manuskripte* genannt. Deren sehr späte Publikation (zunächst in russischer Sprache, 1932 erstmals auf Deutsch) löste eine heftige Debatte um die Marx-Rezeption insgesamt aus. Sie sind insofern bedeutend, als Marx hier zum ersten Mal seinen kommunistischen Standpunkt formuliert und seinen Entfremdungsbegriff konkret entfaltet. Die Aufhebung der Entfremdung des Menschen von sich selbst, von sich als Gattungswesen, von seinem Produkt und von der lebendigen Arbeit setzt die Aufhebung des Privateigentums an den Produktionsmitteln voraus. Höchst problematisch allerdings sind die *Pariser Manuskripte* deshalb, weil hier ein äußerst schwärmerischer junger Karl Marx den Bogen gewaltig überspannt und von einem anderen gesellschaftlichen Verhältnis, von der Aufhebung des Privateigentums, die Beseitigung aller Antagonismen erwartet (oder dies zumindest suggeriert), die mit dem Menschsein als solchem, mit der *Conditio humana*, gegeben sind:

> „Dieser Kommunismus ist als vollendeter Naturalismus = Humanismus, als vollendeter Humanismus = Naturalismus, er ist die *wahrhafte* Auflösung des Widerstreites zwischen dem Menschen mit der Natur und mit dem Menschen, die wahre Auflösung des Streits zwischen Existenz und Wesen, zwischen Vergegenständlichung und Selbstbetätigung, zwischen Freiheit und Notwendigkeit, zwischen Individuum und Gattung. Er ist das aufgelöste Rätsel der Geschichte und weiß sich als diese Lösung" (MEW 40: 536).

Es sei vermerkt, dass dieses Schwärmertum bei Marx später einer wesentlich nüchterneren und realistischeren Haltung weicht. Zwei Grundzüge allerdings werden hier sichtbar, von denen zu vermuten ist, dass sie Konstanten des Marx'schen Denkens bilden: die Auffassung vom Menschen als dem *Homo faber* und das doch sehr befremdliche Verdrängen bzw. saloppe Überspielen der Kontingenz, der Nicht-Notwendigkeit und Endlichkeit des menschlichen Daseins. In seinem kleinen „Antischöpfungstraktat" in den *Pariser Manuskripten* postuliert Marx den Menschen als das Wesen, das sich keinem anderen als sich selbst verdankt, das vollständig aus sich selbst heraus existiert und nicht von der Gnade eines anderen abhängig ist. Dass sich der Schöpfungsgedanke so hartnäckig im Bewusstsein der Menschen behaupten kann, führt Marx auf die Erfahrung der Abhängigkeit des Menschen innerhalb kapitalistischer Verhältnisse zurück.

Helmut Gollwitzer[3] hat allerdings darauf aufmerksam gemacht, dass diese Aussagen in eigentümlicher Spannung zu anderen „anthropologischen" Einsichten Marx' stehen, die den Menschen gerade als allseits abhängiges, hungerndes, der Natur bedürftiges Wesen beschreiben, dessen Notwendigkeit, „von außen" zu empfangen, ein zu bejahendes Lebensverhältnis ausmacht. Die Abhängigkeit von vielfältigen Naturzusammenhängen und von den Mitmenschen ist hier eben nicht Heteronomie und Fremdbestimmung, sondern zeichnet den Menschen gerade als das gegenständliche Wesen aus (Gollwitzer 1967: 75). Im selben Zusammenhang fällt auch die meines Wissens einzige Bemerkung im gesamten Marx'schen Werk zum Tod („ein harter Sieg der Gattung über das Individuum [...]"), den er hier in einer saloppen Formulierung, die sein eigenes Niveau weit unterschreitet, als spezifisch menschliches Phänomen wegleugnet und beiseite wischt (MEW 40: 539; vgl. dazu Kern 2017a: 48-54). Es spricht nun aber sehr viel für die Vermutung, dass das Prometheus-Projekt der gnadenlosen Ausplünderung der Erde das Verdrängen und Leugnen der „Grundlosigkeit" und Endlichkeit unseres Daseins zur Voraussetzung hat.

Die religiöse Antwort auf die Kontingenz, die Nicht-Notwendigkeit und Endlichkeit unseres natürlichen Daseins, ist die Be-Gründung unserer Existenz aus Freiheit, aus der Bejahung unseres Daseins durch den freien Schöpferwillen Gottes, das Verständnis unserer eigenen Existenz als eines verdankten Daseins. Diese religiöse Antwort ist nicht zwingend und wurzelt letztlich selbst in unserer freien Stellungnahme zu diesem Dasein. Unabhängig davon, ob wir aber eine religiöse oder eine dezidiert atheistische Antwort darauf geben oder die Frage einfach mit dem Verweis auf ihre Unbeantwortbarkeit agnostisch von uns weisen, stehen wir alle unter dem Anspruch, unsere *Conditio humana*, die konkrete Verfassung unseres endlichen Daseins, anzunehmen.

Zu gelungener Subjektivität und einem bewusst geführten Leben gehört konstitutiv ein affirmatives Verhältnis zur Endlichkeit, traditionell gesprochen: die Kompetenz einer *Ars moriendi* (Müller 2011: 47), die uns individuell und kollektiv von jedem Selbstoptimierungszwang befreit. Die Akzeptanz unserer eigenen Endlichkeit ist letztlich auch die Voraussetzung für die Hinwendung zum schwachen, gefährdeten Dasein. Deshalb „findet sich in den Traditionen der großen Religionen ein radikaler Einspruch gegen gerade diesen Zwang der Selbstvervollkommnung, wenn sie sich schützend vor das Schwache, das Angeschlagene, stellen und (in den Monotheismen) von ‚Gnade' sprechen" (ebd.: 13). Gnade ist der traditionelle Ausdruck dafür, dass die Vollendung unseres Daseins nicht von uns selbst geleistet werden kann, sondern uns – wenn überhaupt – als ungeschuldetes Geschenk zuteil wird. Auch für Menschen, die eine religiöse Einstellung nicht teilen, ist nachvollziehbar: Die Ausblendung der Dimension der „Unverfügbarkeit" unseres Daseins hat ein aggressives Weltverhältnis und einen Verlust an Empathiefähigkeit zur Folge. Die Einsicht, die Erfüllung der eigenen Existenz nicht selbst leisten zu können und zu müssen, befreit uns von einem Perfektionierungswahn, der allem weniger Vollkommenen, mit Defekten Behafteten, keinen Raum mehr lässt und ihm die Existenzberechtigung abspricht.

Auf der Würde des Angeschlagenen, von Spuren des Verfalls Gezeichneten, ja selbst sinnlos verloren Scheinenden zu beharren gehört aber nun gerade zum innersten Kern der jüdisch-christlichen Tradition. Die Erinnerung an zu Ende gekommene, manchmal abgebrochene Lebensgeschichten werden untrennbar an eine Gotteshoffnung gebunden, die darauf setzt, dass alles menschlich Gelebte und Gelittene und sogar das Verfehlte noch zu einem guten Ganzen sich fügen wird in einer Wirklichkeit, die die biblischen Überlieferungen „neuen Himmel und neue Erde" (vgl. Offb 21,1) nennen. Die blindwütige Verabsolutierung der instrumentell-technischen Vernunft, die unsere Moderne mit all ihren fatalen Folgen der Ausbeutung von Mensch und Natur geprägt hat, hat vermutlich viel mit der unzureichenden Kontingenzbewältigung zu tun. Umgekehrt gilt: Gerade ein kompromissloser Kampf für das Leben setzt Akzeptanz der Endlichkeit voraus.

Wenn Marx in seinem *Vorwort zur Kritik der Hegel'schen Rechtsphilosophie*, jener Schrift also, die die klassische Formulierung seiner Religionskritik enthält, feststellt: „Für Deutschland ist die Kritik der Religion im Wesentlichen beendigt", dann bezieht er sich damit auf Ludwig Feuerbach. Wie die Junghegelianer um Bruno Bauer und Karl Marx versuchte auch Feuerbach, das allumfassende Hegel'sche System zu überwinden. Im Gegensatz aber etwa zu Bruno Bauer war für ihn nicht das endliche menschliche Selbstbewusstsein der Angelpunkt, sondern die konkrete, handfeste, nicht auf den Geist zurückführbare Sinnlichkeit. Sie wird ihm zum Wirklichkeitskriterium schlechthin. Er ist nun bestrebt, die Vielschichtigkeit der Wirklichkeit inklusive ihrer geistigen Dimension auf diesen Sensualismus zu reduzieren. In seinem einflussreichen Buch *Das Wesen des Christentums* unternimmt er in diesem Sinne den Versuch, Gott als Projektion des Menschen zu entlarven. Die Attribute, die der Mensch in dieses göttliche Wesen hineinverlegt, sind nichts anderes als die Eigenschaften seines eigenen Wesens. Doch damit die Konstruktion dieser Projektionsthese nicht von vornherein in sich zusammenbricht, muss Feuerbach eine entscheidende Voraussetzung machen: Nicht dem Einzelnen als begrenztem Individuum kann man diese Attribute beilegen, die in ein außer uns existierendes göttliches Wesen hineinprojiziert werden, sondern dem Menschen als Gattungswesen, das der Einzelne in der konkreten Ich-Du-Beziehung erfährt.

Obwohl Marx den Feuerbach'schen Sensualismus einer grundsätzlichen Kritik unterzieht und ihm seinen eigenen Ausgangspunkt vom sinnlich-tätigen Menschen entgegenhält und entscheidend über Feuerbach hinausgeht, indem er nach dem Grund dieser Projektionsleistung, nach den verkehrten gesellschaftlichen Verhältnissen also, fragt, die dieses verkehrte Bewusstsein erzeugen, bleibt er doch der Fortschrittsidee Feuerbachs verhaftet. Dieser muss, damit seine Projektionsthese einigermaßen plausibel wird, der Gattung Mensch unbegrenzte Perfektibilität zuschreiben, er muss unterstellen, dass sie in der Lage ist, nach und nach die ihr gesetzten Schranken zu überwinden und in unendlichem Progress zu immer höheren Stufen der Vollkommenheit hin zu gelangen. Ohne den Hintergrund eines – aus heutiger Sicht reichlich naiven – positivistischen Fortschrittsglaubens, der den Zeitgeist des 19. Jahrhunderts mit seinen atemberaubenden Entdeckungen auf dem Gebiet der Naturwissenschaften und der Technik bildete, kann man Feuerbachs Versuch der Destruktion der Religion nicht verstehen. In dieser Hinsicht ist es entlarvend genug, wenn Feuerbach im Vorwort der zweiten Auflage seines Buches *Das Wesen des Christentums* feststellt,

„dass das Christentum längst nicht nur aus der Vernunft, sondern auch aus dem Leben der Menschheit verschwunden, dass es nichts weiter mehr ist, als eine fixe Idee, welche mit unsern Feuer- und Lebensversicherungsanstalten, unsern Eisenbahnen und Dampfwägen, unsern Pinakotheken und Glyptotheken, unsern Kriegs- und Gewerbeschulen, unsern Theatern und Naturalienkabinetten in schreiendstem Widerspruch steht" (Feuerbach 2005: 9).

Innerhalb des Marx'schen Werkes ist hinsichtlich seiner Religionskritik ein bemerkenswerter Widerspruch festzustellen: In der klassischen Passage aus dem *Vorwort zur Kritik der Hegel'schen Rechtsphilosophie* schreibt Marx die Religion als „verkehrtes Bewusstsein" dem verkehrten gesellschaftlichen Sein zu, also dem kapitalistischen Produktionsverhältnis, in dem der Mensch nicht zu sich selbst kommen kann. Der illusionäre Schleier der Religion entspricht den intransparenten gesellschaftlichen Zuständen, und von deren Aufhebung erwartet Marx folgerichtig auch das Verschwinden der Religion als falschen Bewusstseins. Im *Manifest der Kommunistischen Partei* hingegen wird das „Verdampfen" des religiösen Bewusstseins dem Kapitalismus selbst zugeschrieben. Es ist eine Begleiterscheinung jener atemberaubenden revolutionären Umwälzung und technischen Umgestaltung der Welt, die die Bourgeois ins Werk gesetzt haben. Nicht die Aufhebung des Privateigentums, nicht die Ablösung des kapitalistischen Produktionsverhältnisses durch die bewusste Kooperation der Produzierenden, nein: die technischen Errungenschaften der kapitalistischen Gesellschaft bewirken das Absinken der Religion in die Bedeutungslosigkeit:

„Die Bourgeoisie, wo sie zur Herrschaft gekommen, hat alle feudalen, patriarchalischen, idyllischen Verhältnisse zerstört. [...] Sie hat den heiligen Schauer der frommen Schwärmerei, der ritterlichen Begeisterung, der spießbürgerlichen Wehmut in dem eiskalten Wasser egoistischer Berechnung ertränkt. [...] Die fortwährende Umwälzung der Produktion, die ununterbrochene Erschütterung aller gesellschaftlichen Zustände, die ewige Unsicherheit und Bewegung zeichnet die Bourgeoisepoche vor allen anderen aus. [...] Alles Ständische und Stehende verdampft, alles Heilige wird entweiht, und die Menschen sind endlich gezwungen, ihre Lebensstellung, ihre gegenseitigen Beziehungen mit nüchternen Augen anzusehen" (MEW 4: 464f.).

In der *Kritik der Hegel'schen Rechtsphilosophie* gesteht Marx der Religion durchaus einen ambivalenten Charakter zu. Hier heißt es an zentraler Stelle:

„Das religiöse Elend ist in einem der Ausdruck des wirklichen Elends und in einem die Protestation gegen das wirkliche Elend. Die Religion ist der Seufzer der bedrängten Kreatur, das Gemüt einer herzlosen Welt, wie sie der Geist geistloser Zustände ist. Sie ist das Opium des Volkes" (MEW 1: 378).

Diese Passage wird leider so oft auf das populäre Opium-Wort reduziert, dass der doppeldeutige Charakter, den Marx dem Phänomen Religion hier zubilligt, meist übersehen wird: Sie sei „Ausdruck und Protestation" gegen das wirkliche Elend zugleich. Das heißt: Marx billigt der Religion auch ein Protestpotenzial zu – wenn auch in unaufgeklärter, sich ihrer selbst nicht bewussten Form. Friedrich Engels hat dem Rechnung getragen, als er in seinem Versuch, die Einsichten des historischen Materialismus konkret auf die Geschichte anzuwenden, die Rolle Thomas Müntzers und der Wiedertäufer im deutschen Bauernkrieg beschrieb (MEW 7: 329-354; vgl. meinen Kommentar in Engels 2020, 81-85). Und innerhalb der marxistischen Tradition war es vor allem Ernst Bloch, der diesem subversiven „roten Faden" der Religion (speziell der jüdisch-christlichen Tradition) in seinem Buch *Atheismus im Christentum* systematisch nachgegangen ist. In selbstreflexiver Form haben sich die verschiedenen Spielarten der Befreiungstheologie auf dieses Protestpotenzial zurückbesonnen und damit in den Ländern der Peripherie eine Dynamik des Widerstands gegen neokoloniale und imperialistische Strukturen verstärkt.

Insbesondere angesichts der aktuellen ökologischen Krise ist allerdings zu fragen: Wäre dieses Protestpotenzial nicht genau gegen das zu mobilisieren, was Marx im *Kommunistischen Manifest* als die historische Rolle der Bourgeoisie beschreibt? Bedarf ein entschlossener Widerstand gegen die Dampfwalze des endgültig global gewordenen Kapitalismus, die zurzeit die natürlichen Lebensgrundlagen weltweit in rasantem Tempo vernichtet, nicht gerade der Rückbesinnung auf „das Heilige", auf ein Unverfügbares, nicht zur Disposition Stehendes, als letzter Basis für den Kampf um humane und solidarische Zustände? Der Kommunist und Atheist Pier Paolo Pasolini war es, der das in Erinnerung gerufen hat: „Dass das Leben heilig ist, versteht sich von selbst; dieses Prinzip steht über dem Prinzip der Demokratie und es erübrigt sich, darüber weiter Worte zu verlieren" (Pasolini 1978: 55). Und auch der sich selbst gern als „religiös unmusikalisch" bezeichnende Philosoph Jürgen Habermas rechnet grundsätzlich damit, dass die religiösen Traditionen gesellschaftlich höchst relevante Inhalte in sich bergen, die sich (noch?) nicht adäquat ins Säkulare übersetzen lassen. So meint er etwa, dass es für die Unverfügbarkeit menschlichen Lebens, die es vor Funktionalisierung schützt und die innerhalb der jüdisch-christlichen Tradition im Schöpfungsgedanken aufgehoben ist (Habermas führt das Beispiel der Humangenetik an), keine säkulare Entsprechung zu geben scheint (vgl. Habermas 2001).

Ein sich durchhaltender methodischer Standpunkt bei Marx ist sein zusammen mit Friedrich Engels entwickelter, zum ersten Mal in der *Deutschen Ideologie* ausformulierter „historischer Materialismus", der im Übrigen nichts zu tun hat mit einem ontologischen Materialismus, der das Sein selbst als Materie auslegt. Für solche metaphysischen Fragen hat sich Marx kaum interessiert. In den *Pariser Manuskripten* hat er deren Sinnhaftigkeit überhaupt infrage gestellt. Nicht um ontologische Probleme ging es Marx, sondern um das Verständnis des geschichtlichen Menschen selbst in seinen Lebensäußerungen. In diesem Sinne meint sein (und Engels') historischer Materialismus die methodische Regel, alle Phänomene des menschlichen Daseins von daher zu verstehen, wie die Menschen in sinnlich-tätiger Auseinandersetzung mit der Natur ihr Leben produzieren und reproduzieren.

Die „Überbauphänomene", also etwa die Erscheinungsweisen des geistigen Lebens, werden erst adäquat verstanden von diesem methodischen Rückbezug darauf, wie die Menschen ihre Lebensmittel erzeugen. Doch einzig und allein der Religion spricht Marx jede eigenständige Daseinsberechtigung ab, sie allein wird als Illusion und nichts als das bezeichnet, während alle anderen Überbauphänomene lediglich in ihrer konkreten historischen Ausdrucksgestalt materialistisch gedeutet, keineswegs aber „aufgelöst" werden. Das vernichtende Urteil über die Religion lässt sich also nicht aus dem historischen Materialismus als solchem ableiten. Die religionskritische Passage in der Kritik der Hegel'schen Rechtsphilosophie sagt deshalb noch nichts darüber aus, „erstens ob Religion auch gedacht werden kann als adäquate Widerspiegelung autonomer menschlicher

Produktion und freier Vergesellschaftung und zweitens, ob Religion überhaupt und erschöpfend nur als Widerspiegelung begriffen werden kann, d.h. ob Religion nicht in sich eine substanziell eigenständige und funktional mehrwertige Größe sein kann" (Füssel 2018: 25).

3. Kapitalismus als Religion[4]

Neben dem historischen Materialismus gibt es bei Marx ein weiteres zentrales Denkmotiv, das sich von den *Pariser Manuskripten* bis zum *Kapital* durchzieht: Für die grundsätzliche Charakterisierung des innersten Wesens des Kapitalismus greift er auf einen Begriff aus der Welt der Religion zurück: Fetischismus. In immer wieder neuen Wendungen beschreibt Marx, dass das Kapitalverhältnis eine Verkehrung von Subjekt und Objekt darstellt, dass der kapitalistische Verwertungsprozess in seiner Eigendynamik sich der Kontrolle der Produzierenden selbst entzieht, sich über die Köpfe der Subjekte hinweg entfaltet, ja diese zu bloßen Anhängseln, zu Variablen dieses Verwertungsprozesses macht. Von den vielen entsprechenden Passagen quer durch das gesamte Marx'sche Werk sei wenigstens eine wiedergegeben. In der *Deutschen Ideologie* heißt es:

> „Die soziale Macht, das heißt die vervielfachte Produktionskraft, die durch das in der Teilung der Arbeit bedingte Zusammenwirken der verschiedenen Individuen entsteht, erscheint diesen Individuen, weil das Zusammenwirken selbst nicht freiwillig, sondern naturwüchsig ist, nicht als ihre eigne, vereinte Macht, sondern als eine fremde, außer ihnen stehende Gewalt, von der sie nicht wissen woher und wohin, die sie also nicht mehr beherrschen können, die im Gegenteil nun eine eigentümliche, vom Wollen und Laufen der Menschen unabhängige, ja dies Wollen und Laufen erst dirigierende Reihenfolge von Phasen und Entwicklungsstufen durchläuft" (MEW 3: 34).

Erstaunlich genug, dass dieses zentrale Denkmotiv innerhalb der marxistischen Tradition in seinem Stellenwert kaum erkannt, gar als „unwissenschaftlich" (Louis Althusser; vgl. vor allem Althusser 1974) abqualifiziert wurde. Es blieb der lateinamerikanischen Theologie der Befreiung vorbehalten, Marx' Fetischismusanalyse wiederzuentdecken und ihren zentralen Status für die Analyse des Kapitalismus selbst zu erkennen (vgl. vor allem Kern 2013: 77-89). Theologisch wurde dies mithilfe eines ebenfalls innerhalb der Theologie verdrängten biblischen Grundmotivs des Gegensatzes zwischen dem Gott des Lebens und den Götzen der Unterdrückung in Verbindung gebracht. Vor allem im Anschluss an die polemischen Texte des „zweiten Jesaja" (vgl. Jes 44,13-17) aus der Zeit des babylonischen Exils zeigen die BefreiungstheologInnen auf, dass das Unterscheidungskriterium zwischen dem Gott des Lebens und den „Götzen" der lebendige Mensch in seiner leiblichen Bedürftigkeit ist. Das solidarische Subjektwerden der Menschen vor Gottes Angesicht als die Sinnspitze der Heilsgeschichte überhaupt entzieht jeder Ökonomie die Legitimation, die auf der systematischen Ausschaltung, Verobjektivierung der Subjekte selbst beruht. Nicht der theoretische Atheismus, sondern die praktische Leugnung Gottes im Götzendienst des Kapitals wird von den Befreiungstheologen daher als die eigentliche theologische Herausforderung betrachtet (vgl. vor allem Assmann et al. 1984; Assmann/Hinkelammert 1992).

Was genau rechtfertigt es, den Kapitalismus als „Religion" zu qualifizieren und ihn in der Vermessenheit eben dieses Anspruchs theologisch zu kritisieren? Kuno Füssel[5] argumentiert folgendermaßen:

„Prinzipiell muss auch der Kapitalismus, um bei allen Mitgliedern Zustimmung zu erlangen, den Eindruck erwecken, dass er Glück für alle produziert und in seine Verheißungen alle Mitglieder der Gesellschaft eingeschlossen sind. Doch sowohl die Geschichte als auch der gegenwärtige Zustand der kapitalistischen Gesellschaften beweisen, dass er strukturell unfähig ist, dies praktisch und auf Dauer zu leisten. Gerade deswegen aber tritt er selber als Religion auf, und nicht nur als Religionsersatz. [...] der Kapitalismus ist konstitutionell dazu gezwungen, sein Angebot zu erweitern, das heißt sich von der Ebene der Ökonomie auf die Ebene der Religion emporzuschwingen und damit sich selbst als Religion zu präsentieren, die vorhandene traditionelle Religion also nicht nur zu nutzen, sondern sie in allen ihren Funktionen zu beerben. [...] Die Unfähigkeit des gegenwärtigen Kapitalismus, eine menschenwürdige Existenz für alle Menschen auf der Welt zu garantieren [...], könnte den Kapitalismus in eine allgemeine Legitimationskrise stürzen, der er dadurch zu begegnen sucht, dass er sich religiöse Potenzen aneignet und instrumentalisiert" (Füssel 2017:81f.).

Je mehr Leid der Kapitalismus aus sich herausgebiert, je katastrophenträchtiger er erscheint, umso mehr muss er, um sich selbst zu rechtfertigen, seinen Anspruch erhöhen, sich als alternativlos erklären, sich religiösen Status anmaßen. Aber gilt diese Legitimationskrise nicht für jede nicht egalitäre Gesellschaft? Ist damit eigentlich schon das Spezifische des Kapitalismus angesprochen? Meines Erachtens ist die religiöse Anmaßung des Kapitalismus viel eher in seinem ihm eingeschriebenen Wachstumszwang begründet, in dem seine Tendenz liegt, sich zu „totalisieren", alle geografischen Räume, aber auch alle Sphären des menschlichen Lebens zu durchdringen. Genau in diesem Sinne ist für Drewermann dieses Wirtschaftssystem

„weit mehr [...] als ein bloß ökonomischer Organisationszustand der Gesellschaft. Es ist [...] imstande, die Dynamik seiner eigenen Maßlosigkeit jedem Hersteller, jedem Händler, jedem Käufer, jedem und allen also, aufzuzwingen. Sein immanenter Wachstumsdruck verinnerlicht sich als Motiv der Unersättlichkeit: Der Kapitalismus bedarf der *Gier* nach immer mehr; Konsumverzicht, Produktionsrückgang, Bedürfniseinschränkung bedeuten Stagnation und Rezession; sie sind Warnzeichen der Krisen des Systems" (Drewermann 2017:364).

Das heißt: Aufgrund des inhärenten Wachstumszwangs bekommt der Kapitalismus totalitären Charakter und erheischt die Durchdringung nicht nur aller äußeren Räume, sondern auch die Kolonisierung des Denkens und Empfindens, die Durchdringung aller Lebensbereiche. Diese totalitäre Tendenz unterscheidet ihn von allen anderen Wirtschaftssystemen, denen der Einzelne sich zunächst auch fügen muss, denen gegenüber er aber eine Distanz aufbauen kann. Aufgrund dieses totalitären Charakters ist Kapitalismus Gegenreligion.

4. Kosmologie der Herrschaft – Kosmologie der Befreiung

Zielscheibe der Marx'schen Religionskritik ist konkret das Christentum. Natürlich ist dies zunächst Hegel geschuldet, der das Christentum als die höchste Entwicklungsstufe von Religion verstand, aber auch der Tatsache, dass der preußische Staat sich eine dezidiert christliche Grundlage gegeben hatte. Nun, da diese historische Konstellation endgültig weggefallen ist, darf man die Frage stellen, ob eine Religionskritik im Anschluss an Marx nicht den Gegenstand wechseln müsste. Wie immer man das Christentum insgesamt einschätzen mag: Es ist heute sicher nicht die bedeutendste ideologische, die kapitalistischen Verhältnisse verschleiernde und rechtfertigende Ausdrucksgestalt.

Leonardo Boff und Mark Hathaway machen in ihrem grundlegenden Werk *Die Weisheit des Kosmos* auf einen ganz anderen Zusammenhang aufmerksam: Dem globalen Kapitalismus entspricht heute als Bewusstseinsform eine – säkulare – *Kosmologie der Herrschaft*, ein Weltbild, das dem Interesse an der gnadenlosen Ausplünderung der Natur entspricht und die Individuen durch Vermittlung von Gefühlen der Ohnmacht, der Resignation und durch die Verinnerlichung eines Suchtverhaltens hierfür gefügig macht. Sie zeigen auf, dass das Alltagsbewusstsein der Menschen von einer Sicht der Wirklichkeit insgesamt geprägt ist, die die fatalistische Ergebenheit in die Herrschaft des globalen Kapitalismus ermöglicht und fördert. Die ökonomischen Verhältnisse haben ihre psychische Resonanz in den Phänomenen Verleugnung, Verzweiflung und Sucht. Der Verfestigung dieser systemkonformen Verhaltensweisen dient eine bestimmte Auffassung von der Wirklichkeit insgesamt und vom Platz des Individuums darin. Es ist eine Sichtweise vom Kosmos insgesamt, die keineswegs mehr vereinbar ist mit den Erkenntnissen der neueren Naturwissenschaften.

Das Alltagsbewusstsein der Menschen geht üblicherweise aus von einem determinierten Kosmos, von einer strikten Trennung von Bewusstsein und „Außenwelt", von der alten cartesianischen Dichotomie von Geist und Materie, von einem mechanistischen Kosmos, dem keinerlei Sinn eingestiftet ist, von der Evolution des Lebens, die im neodarwinistischen Sinne lediglich von den Mechanismen der Zufallsmutation und des Konkurrenzkampfes um das Überleben der am besten Angepassten geprägt ist. Diese Weltsicht entspricht exakt dem Interesse an der rücksichtslosen Ausbeutung der Natur, dem „monokulturellen Denken" und der Alleinherrschaft eines ökonomischen Nutzenkalküls. Eine ganzheitliche Kosmologie hingegen, wie sie Hathaway und Boff ausgehend von den neueren Erkenntnissen der Naturwissenschaften skizzieren, stellt für die herrschende Gesellschaftsordnung eine Bedrohung dar. Solange

Natur und Mensch lediglich als komplexe Maschinen betrachtet werden, sind wir auch nur auf technologische und materielle Bedürfnisse reduziert. Das Prometheus-Unternehmen der Industriegesellschaft erfordert eine Sichtweise der Evolution und der Biosphäre, die einer indifferenten Zufallswelt die umwälzende Kraft des Fortschritts entgegensetzen kann. Die beiden Autoren plädieren dagegen für eine *Kosmologie der Befreiung*, die den Kosmos insgesamt nicht mehr als aus toten Dingen zusammengesetzt begreift, die Materie nicht mehr nach dem „Klötzchen-Modell" versteht, sondern als Ergebnis von dynamischen, relationalen Strukturen, denen etwas noch Tieferes, Subtileres zugrundeliegt, das man von der Natur der Sache her nur noch in annähernden Metaphern beschreiben kann („Urquell des Seins" u. Ä.).

Befreiendes Handeln im Sinne von Solidarität und Nachhaltigkeit bedarf, will es nicht selbst wieder illusionär werden, einer Grundlage in der Kosmogenese selbst. An der Frage nach dem Sinn, dem wir dem gesamten kosmischen Prozess, dem Sein der Welt insgesamt, beimessen können, entscheidet sich nicht nur der Sinn meines individuellen Lebens, sondern damit gleichzeitig auch die Frage nach dem Sinn unseres Einsatzes und Engagements für ein solidarisches Miteinander der Menschen untereinander und von Mensch und Natur. Dieses hat nur dann eine tragfähige Grundlage, wenn dieser Sinn dem kosmischen Geschehen selbst eingestiftet ist. Werden unsere Hoffnungen und Ängste, unser Fühlen und unser Denken, unser Bemühen, Humanität zu verwirklichen, letztlich „unter dem Schutt eines in Trümmern liegenden Universums begraben", wie Bertrand Russell meint (zit. nach Sheldrake 1993: 21)? Oder können wir damit rechnen, dass all dem Bestand verliehen ist, dass uns nicht ein gleichgültiges Universum entgegenstarrt, sondern dass wir in ihm den Urquell des Seins erkennen können, dem wir uns verdanken?

„Wenn der Kosmos keinen Sinn offenbarte, würde unser Leben letztlich auf einen Kampf ums Überleben oder vielleicht auf das Streben nach unmittelbarem Vergnügen reduziert. Würde es sich in einem weiten Kontext wirklich lohnen, nach einer echten Befreiung zu streben und einen Weg zu suchen, in Harmonie mit der größeren Lebensgemeinschaft der Erde zu leben?" (Boff/Hathaway 2021: 391)

Anstelle eines fragmentierten, maschinenartigen Universums, das sich aus toten, miteinander nicht verbundenen Dingen zusammensetzt, legen die neue Kosmologie und die Quantenphysik nahe, dass wir es grundlegend mit einer Wirklichkeit dynamischer Beziehungen zu tun haben, innerhalb derer Raum, Zeit, Energie, Materie und Geist Teil eines größeren Zusammenhanges sind. Vor allem aber offenbart die Evolution des Kosmos als Ganzem und der Erde im Besonderen einen allem zugrunde liegenden Sinn, eine Richtung hin zu größerer Vielfalt, Gemeinschaft und Interiorität.

Befreiung wird hier also innerhalb einer kosmischen Perspektive als der Prozess aufgefasst, in dessen Verlauf das Universum selbst sein Potenzial im Sinne einer je höheren Ausdifferenzierung, Verinnerlichung (Interiorisation und Selbstorganisation) und Gemeinschaft entfaltet. Damit erhält das Engagement für gesellschaftliche Befreiung, das ein neues Verhältnis zur außermenschlichen Kreatur mit einschließt, erst seine tragfähige Grundlage und seinen Hoffnungshorizont jenseits aller berechtigten Verzweiflung. Unser Kampf um Befreiung mündet nur dann nicht ins Leere, wenn er mit den Sinnstrukturen selbst korrespondiert, die im Kosmos erkennbar sind. In diesem Sinne formuliert Martha Heyneman:

„Wenn wir uns das Universum als ‚es' vorstellen, das heißt als ein Universum ‚toter Materie und blinder Kräfte', dann wird etwas in uns selbst tot und blind. Wir können uns ohne Gewissensbisse (bis wir kapieren, dass unser eigenes Leben bedroht ist) am zerstörerischen Ausverkauf der Natur beteiligen. Wenn wir der Vorstellung eines sinnlosen Universums verhaftet sind, dann werden wir beim Nachlassen der Begeisterung unmittelbar nach dem Erreichen eines nahen Zieles an einem erstaunlichen Gefühl der Depression leiden. Wenn das Universum keine Bedeutung hat, kann denn dann mein Leben irgendeine letzte Bedeutung haben? Wenn das Ganze keinen Sinn hat, kann dann ein Teil Sinn haben?" (zit. nach Boff/Hathaway 2021: 235)

Nach „Opium" jedenfalls klingt dies keineswegs.

Kein Geringerer als Erich Fromm hat uns darauf aufmerksam gemacht, dass das physische Überleben der Menschheit selbst nun zum ersten Mal in der Geschichte von einer radikalen seelischen Veränderung des Menschen abhängt (Fromm 1989: 279). Es wird also wesentlich darauf ankommen, welche Sinnressourcen wir für unser Handeln mobilisieren können. Ob der Religion Daseinsberechtigung zukommt, ob sie ein eigenständiges Wort zur Wirklichkeit zu sagen hat, das nicht einfach hohle Tautologie ist – das entscheidet sich letztlich daran, ob sie sich angesichts unserer umfassenden Biosphärenkrise, in der die menschliche Zivilisation insgesamt auf dem Spiel steht, als Sinnressource erweist, die das konsequente Handeln im Sinne von Humanität, Solidarität und der Erhaltung unserer natürlichen Lebensgrundlagen auch unter den düsteren gegenwärtigen Aussichten motivieren kann.

1   Die drei Genannten zählen zu den HauptvertreterInnen der sog. neuen Politischen Theologie. Metz hat in seinem Hauptwerk *Glaube in Geschichte und Gesellschaft* (1977) aufgezeigt, dass das Subjekt des Glaubens stets in seiner gesellschaftlichen und historischen Bedingtheit zu sehen ist. Sölle (vgl. Sölle 1982) hat ihre politische Theologie vor allem ausgehend von der individualistischen „Engführung" der existenziellen Theologie Rudolf Bultmanns entwickelt. Jürgen Moltmann, der einzige noch Lebende dieser drei, hat mit seiner Theologie der Hoffnung zunächst Ernst Bloch theologisch rezipiert (Moltmann 1964). Heute ist er der profilierteste Vertreter einer Ökotheologie der Befreiung im Sinne des brasilianischen Befreiungstheologen Leonardo Boff.

2   Eugen Drewermann wurde die kirchliche Lehrerlaubnis entzogen. Er trat zunächst durch eine originale Synthese von Theologie und Psychoanalyse hervor, bis er sich mehr und mehr mit ökonomischen und politischen Strukturen auseinandersetzte und eine dezidierte Kapitalismuskritik entwickelte.

3   Der reformierte Theologe Helmut Gollwitzer hat mit dem zitierten Buch eine der wichtigsten Auseinandersetzungen mit der Marx'schen Religionskritik geleistet. Dass er dies von einem dezidiert kapitalismuskritischen Standpunkt aus tat, hat er eindrücklich mit seinem Buch *Die kapitalistische Revolution* bewiesen.

4   So lautet auch der Titel eines Fragments von Walter Benjamin, das in den letzten Jahren einige Popularität erlangte (Benjamin 1991: 100-102). Ich gehe hier aus mehreren Gründen nicht näher darauf ein. Es wurde weder innerhalb der Befreiungstheologie rezipiert noch schließt es an die Marx'sche Argumentation an. Benjamins Argumentation geht aus einem recht eigenwilligen Amalgam aus jüdisch-messianischer Mystik und einem bestimmten Verständnis des historischen Materialismus hervor und erschließt sich meines Erachtens heutigen Lesern und Leserinnen nur schwer. In der Literatur wird oftmals in einer Weise darauf hingewiesen, die erkennen lässt, dass die entsprechenden Autorinnen und Autoren nicht viel mehr als die Überschrift dieses Textes zur Kenntnis genommen haben. Eine sehr sorgfältige Interpretation bietet allerdings Michael Löwy (2019: 11-34).

5   Der Mathematiker und Theologe Kuno Füssel war lange Zeit Assistent von Johann Baptist Metz; eine theologische Habilitation wurde ihm kirchlicherseits verweigert.

Literatur

Althusser, Louis (1974): Für Marx. Frankfurt am Main: Suhrkamp.

Assmann, Hugo/Hinkelammert, Franz J./Pixley, Jorge V./Richard, Pablo/Sobrino, Jon (Hg.), 1984): Die Götzen der Unterdrückung und der befreiende Gott. Münster: Edition Liberación.

Assmann, Hugo/Hinkelammert, Franz (1992): Götze Markt (Bibliothek Theologie der Befreiung). Düsseldorf: Patmos.

Benjamin, Walter (1991): Kapitalismus als Religion [Fragment].In: Ders.: Gesammelte Werke. Hg. von Rolf Tiedemann und Hermann Schwepphäuser. Band VI. Frankfurt am Main: Suhrkamp, 100-102.

Bloch, Ernst (1980): Atheismus im Christentum. Zur Religion des Exodus und des Reiches. Frankfurt am Main: Suhrkamp.

Boff, Leonardo/Hathaway, Mark (2021): Die Weisheit des Kosmos. Ein zukunftsweisendes Weltbild. Münster: LIT-Verlag.

Drewermann, Eugen (2017): Von Krieg zu Frieden (Kapitalismus & Christentum, 3). Ostfildern: Patmos.

Engels, Friedrich (2020): Im Widerspruch denken. Ansichten eines smarten Revolutionärs. Herausgegeben von Bruno Kern. Wiesbaden: Marixverlag.

Feuerbach, Ludwig (2005): Das Wesen des Christentums. Stuttgart: Reclam.

Fromm, Erich (1989): Haben oder Sein. Die seelischen Grundlagen einer neuen Gesellschaft. München: dtv.

Füssel, Kuno (2017): Die Religion in Gesellschaft der Gesellschaft. Marxistische, religionswissenschaftliche und befreiungstheologische Reflexionen zum Thema Religion. In: Hinkelammert, Franz / Eigenmann, Urs/Füssel, Kuno/ Ramminger, Michael (Hg.): Die Kritik der Religion. Der Kampf für das Diesseits der Wahrheit. Münster: ITP, 60-91.

Füssel, Kuno (2018): Hommage an Marx. Warum und wie sollte man sich mit Karl Marx beschäftigen? In: Ramminger, Michael/Segbers, Franz (Hg.): „Alle Verhältnisse umzuwerfen … und die Mächtigen vom Thron zu stürzen". Das gemeinsame Erbe von Christen und Marx. Hamburg: VSA, 18-30.

Gollwitzer, Helmut (²1967): Die marxistische Religionskritik und der christliche Glaube. München: Kaiser.

Gollwitzer, Helmut (1974): Die kapitalistische Revolution. München: Kaiser.

Habermas, Jürgen (2001): Glauben und Wissen. Friedenspreis des Deutschen Buchhandels 2001. Frankfurt am Main: Suhrkamp.

Honneth, Axel (2015): Die Idee des Sozialismus. Versuch einer Aktualisierung, Frankfurt am Main: Suhrkamp.

Kern, Bruno (2013): Theologie der Befreiung. Tübingen: utb.

Kern, Bruno (2017a): „Es rettet uns kein höh'res Wesen"? Zur Religionskritik von Karl Marx – ein solidarisches Streitgespräch. Ostfildern: Grünewald.

Kern, Bruno (2017b): Karl Marx. Ökonom – Redakteur – Philosoph. Wiesbaden: Weimarer Verlagsgesellschaft.

Kern, Bruno (²2020): Das Märchen vom grünen Wachstum. Plädoyer für eine solidarische und nachhaltige Gesellschaft. Zürich: Rotpunktverlag.

Löwy, Michael (2019): La révolution est le frein d'urgence. Essais sur Walter Benjamin. Paris: Éditions de l'éclat.

Marx, Karl/Engels, Friedrich (1956ff.): Werke. Hg. vom Institut für Marxismus-Leninismus beim ZK der SED, Bde. 1-43. Berlin: Dietz Verlag (zit. als MEW mit entsprechender Band- und Seitenzahl).

Metz, Johann Baptist (1977): Glaube in Geschichte und Gesellschaft. Studien zu einer praktischen Fundamentaltheologie. Mainz: Matthias-Grünewald-Verlag.

Metz, Johann Baptist (2006):Memoria passionis. Ein provozierendes Gedächtnis in pluralistischer Gesellschaft. Freiburg i. Br.: Herder.

Moltmann, Jürgen (1964): Theologie der Hoffnung. Untersuchungen zur Begründung und zu den Konsequenzen einer christlichen Eschatologie. München: Chr. Kaiser.

Müller, Klaus (2011): Endlich unsterblich. Zwischen Körperkult und Cyberworld. Kevelaer: Butzon & Bercker.

Pasolini, Pier Paolo (1978): Freibeuterschriften. Die Zerstörung der Kultur des Einzelnen durch die Konsumgesellschaft. Berlin: Klaus Wagenbach.

Sheldrake, Rupert (⁴1993): Das Gedächtnis der Natur. Das Geheimnis der Entstehung der Formen der Natur. Bern: Scherz.

Sölle, Dorothee (1982): Politische Theologie. Stuttgart: Kreuz Verlag.

ABSTRACT *Popular movements and the diverse forms of self-organisation of marginalised groups in the global South are often decisively shaped by people and communities, the engagement of which is religiously motivated. This phenomenon challenges us to reconsider Marx's criticism of religion. For Marx himself, religion was not just a false consciousness; rather, he recognised it as a potential for protest. This needs to be further explored, not least in view of the current ecological crisis. In a critical examination of Marx's work itself, this article aims to show that religions can provide indispensable resources of meaning for the profound transformation that we have to master.*

Bruno Kern
fackelkraus@gmx.de

Journal für Entwicklungspolitik XXXVII, 3-2021, S. 60–88

Sandra Lassak, Magdalena Andrea Kraus, Jonathan Scalet
**Körperterritorien befreien. Aktuelle Herausforderungen
für eine feministische Befreiungstheologie im Lichte
ökoterritorialer und dekolonialer Kämpfe**

ABSTRACT *In Lateinamerika ist in den letzten Jahren die Gewalt gegen
Frauen ebenso wie die extraktivistische Ausbeutung der Natur deutlich angestiegen. Neuere soziale Bewegungen und theoretische Ansätze thematisieren
beide Phänomene in ihrem strukturellen Zusammenhang und zielen auf eine
radikale Veränderung des zugrundeliegenden kapitalistisch-kolonial-patriarchalen Gesellschaftssystems. Ihre Vorschläge für eine echte Dekolonialisierung,
die an indigene Kosmovisionen und Gesellschaftskonzepte anknüpft, stellen
Herausforderungen für eine feministische Befreiungstheologie dar. In diesem
Sinne gehen wir der Frage nach, inwiefern feministische Befreiungstheologie mit neueren Ansätzen dekolonialer und indigener Feminismen vermittelt werden kann, um am Aufbau horizontaler, wechselseitiger Beziehungen
zwischen Frauen, Menschen und der nichtmenschlichen Natur mitzuwirken.*

KEYWORDS *Befreiungstheologie, Feminismus, Dekolonialisierung,
Körper-Territorien, ökosoziale Konflikte*

1. Einleitung

Der lateinamerikanische Kontinent ist seit einigen Jahren von vielfältigen Krisenphänomenen geprägt. Wachsende soziale Ungleichheiten,
politische Polarisierung, fortschreitende Umweltzerstörung und die
Erosion demokratischer Institutionen verweisen auf eine strukturelle Krise
des dominanten extraktivistischen, neoliberalen Wirtschafts- und Gesell-
schaftsmodells (Brand 2016; Ramírez/Schmalz 2019). Diese äußert sich

nicht zuletzt in einer massiven Zunahme unterschiedlicher Gewaltphänomene, die von Repressionen staatlicher und parastaatlicher Gruppen über patriarchale Gewalt bis zur hemmungslosen Ausplünderung von Mensch und Natur reichen (Zibechi 2020). Insbesondere die sexistische Gewalt an Frauenkörpern sowie die sozialökologischen Konflikte um Territorien und die Ausplünderung der natürlichen Lebensgrundlagen sind in den letzten Jahren deutlich angestiegen (OCMAL 2020; CIRDI 2017; Silva Santisteban 2017). Parallel dazu haben fundamentalistische religiöse Bewegungen in Lateinamerika an Bedeutung gewonnen und sind zu einer wichtigen Stütze der dominanten politischen Kräfte geworden. Mit ihren aggressiven Diskursen gegen Abtreibung, Geschlechtergleichheit, feministische Bewegungen, sexuelle Minderheiten, indigene Gruppen und nichtchristliche Weltbilder und Traditionen erreichen sie weite Teile der Bevölkerung und treiben den rechten Backlash voran. Dadurch geraten gesellschaftliche Randgruppen und Minderheiten wie Frauen, LGBTQI+, Indigene und Afro-Lateinamerikaner*innen und deren Rechte zunehmend unter Druck.

Zugleich haben die wachsenden Widersprüche aber auch zu neuen gesellschaftlichen, politischen und theoretischen Aufbrüchen geführt. Die jüngsten Protestbewegungen in Haiti, Ecuador, Chile, Kolumbien, Bolivien und zuletzt Peru zeigen deutlich, dass der Mythos des neoliberalen Modells an sein Ende gerät. Und sie manifestieren einen neuen Typus gesellschaftlichen Widerstands, der sich zunehmend nicht mehr allein gegen einzelne Auswirkungen, sondern gegen die Grundstruktur einer weiterhin kolonial strukturierten Gesellschaft an sich richtet.

Aus dieser komplexen Realität des lateinamerikanischen Subkontinents entstand darüber hinaus eine große Bandbreite an theoretisch-politischen Beiträgen, die sich mit dem Fortwirken kolonialer Gewaltverhältnisse und alternativen Wegen zu deren Überwindung beschäftigen (Lugones 2010; Quijano 2000). Dazu gehören grundlegend eine radikale Kritik an den kolonialen Implikationen der europäischen Moderne und die Aufwertung ‚anderer‘, indigener bzw. nichtwestlicher Traditionen, Spiritualitäten und Praktiken, die zur Basis einer solidarischeren und ökologischeren Gesellschaft werden sollten. Diese Reflexionen entstehen vor allem aus und in der Praxis sozialer Bewegungen: in den Debatten und Diskussionen von Kollektiven, in den Versammlungen von widerständigen Dorfgemeinschaften, in den Mobilisierungen von Jugendlichen, Frauen, Bauern und

Bäuerinnen, Umweltschützer*innen und teilweise auch in den etablierten Orten des Denkens, wie den Universitäten und den Akademien.

Ein wesentliches Element dieser widerständigen Aufbrüche ist ein neues Erstarken feministischer Bewegungen, die sich etwa für Abtreibungsrechte einsetzen oder gegen die grassierende Gewalt gegen Frauen ankämpfen. Paradigmatisch dafür steht der große Frauenprotest, der im August 2015 unter dem Slogan „*Ni una menos*" in Argentinien initiiert wurde und sich rasch international ausbreitete: Auf dem gesamten lateinamerikanischen Subkontinent und darüber hinaus trugen Millionen von Frauen die zentrale Losung „Nicht eine weniger" auf die Straßen. Dabei prangern die neuen feministischen Bewegungen nicht allein die steigende Zahl an Vergewaltigungen und Feminiziden an, sondern sie richten sich direkt gegen die strukturellen Ursachen dieser Gewalt. Denn laut dem uruguayischen Politikwissenschafter und Aktivisten Raúl Zibechi ist die gegenwärtige Gewaltexpansion „angefangen von der Gewalt an Frauen bis hin zu den Gewaltorgien krimineller Gruppen mitsamt der vom Staat ausgehenden und parastaatlichen Gewalt" kein konjunkturelles oder isoliertes Phänomen, sondern muss als „integrale[r] Bestandteil des kapitalistischen Weltsystems in seiner aktuellen Phase" (Zibechi 2020: 4) verstanden werden.

Diese systemische Gewalt äußert sich in der Inbesitznahme von Territorien und ihrer schonungslosen Ausbeutung ebenso wie in der Unterwerfung der Körper von Frauen oder anderen Körpern, die strukturell schwächer gemacht worden sind. Um genau diesen Zusammenhang und die Auseinandersetzung mit seinen strukturellen Ursachen in einem patriarchal-kolonial-kapitalistischen Weltsystem geht es gegenwärtig in feministischen Bewegungen Lateinamerikas: Die Verteidigung ihrer Körper, einschließlich sämtlicher damit verbundener sexueller, reproduktiver, aber auch sozialer, politischer und ökonomischer Rechte einerseits sowie die Verteidigung ihrer Territorien andererseits werden als Elemente ein und desselben Kampfes um Dekolonialisierung und Depatriarchalisierung verstanden.

Dabei reichen die Kritik an und die Kämpfe gegen die Gewaltstrukturen des kapitalistisch-kolonial-patriarchalen Weltsystems über die feministischen Bewegungen hinaus. Sie finden etwa statt im Widerstand indigener Bewegungen oder in den wissenschaftlichen und politischen

Bemühungen um eine umfassende gesellschaftliche Dekolonialisierung, die in Ländern wie Bolivien oder Ecuador zwischenzeitlich sogar als offizielles Regierungsziel ausgerufen wurde. Allerdings stellen die feministischen Bewegungen eine wesentliche Kraft innerhalb dieser Transformationsprozesse dar. Und sie haben sich angesichts der gesellschaftlichen Aufbrüche der letzten Jahrzehnte selbst verändert. So entstanden im Zuge der Selbstermächtigung indigener und anderer marginalisierter Gruppen und der Anerkennung indigener Rechte, Traditionen und kultureller Praktiken sogenannte kontextuelle oder dekoloniale Feminismen, die ihren Kampf gegen das Patriarchat mit einer radikalen Kritik an kolonialen Machtverhältnissen verbinden. Indigene Feminismen wie der sogenannte *feminismo comunitario* wenden sich dabei auch gegen eurozentrische Engführungen innerhalb der feministischen Bewegung selbst und entwerfen ausgehend von ihren Lebenswirklichkeiten, Geschichten und Kosmovisionen eigene Ansätze alternativer Gesellschaftsformen jenseits von Patriarchat, Kolonialismus und Kapitalismus (Paredes 2014; Hernández/Canessa 2012a; Cabnal 2010, 2018; Gargallo Celentani 2014).

Damit stellen die gegenwärtigen feministischen Aufbrüche eine doppelte Herausforderung für die Bestrebungen einer feministischen Befreiungstheologie dar, die seit den 1980er Jahren in Lateinamerika entstanden sind. Denn bei aller Kritik an patriarchalen Strukturen innerhalb wie außerhalb der Kirche waren diese Bestrebungen erstens doch wesentlich in einer europäischen Ideengeschichte und einem okzidentalen Weltbild verankert und wurden vorrangig von ‚westlich' situierten Theologinnen konzeptionell entwickelt. Zudem sind zweitens die befreienden Potenziale christlicher Theologie in Lateinamerika aufgrund ihrer unheilvollen historischen Rolle in der kolonialen Unterwerfung grundsätzlich radikal in Frage gestellt. Umgekehrt aber scheinen Gegenentwürfe einer feministischen und antikolonialen Form religiösen Glaubens angesichts des wachsenden Einflusses misogyner und rassistischer fundamentalistischer Bewegungen heute nötiger denn je. In diesem Sinn untersucht der vorliegende Beitrag die Frage, inwiefern feministische Befreiungstheologie mit neueren Ansätzen dekolonialer und indigener Feminismen vermittelt werden kann, ohne sich in diesem Unterfangen gänzlich selbst aufzulösen.

An diesem Punkt wird auch die Ambivalenz unserer eigenen Reflexionen deutlich. Schreiben wir doch als westeuropäische, ‚weiße'

Akademiker*innen über Prozesse in Lateinamerika, wo wir zwar viel Zeit verbracht, enge Verbindungen geknüpft und intensive Erfahrungen gemacht haben, vor dem Hintergrund unserer privilegierten Position, unserer eigenen Geschichte und Sozialisation aber doch immer in einer gewissen ‚Außenperspektive' verhaftet bleiben. Wir können ausgehend von eigenen Erfahrungen Analogien herstellen, Verbundenheiten erleben und uns mit Kämpfen solidarisieren, doch es bleibt immer ein unauflöslicher Rest an Differenz, an Unverstandenem und vor allem ein massives Gefälle an Betroffenheit, das sich nicht so einfach ablegen lässt. An den hier diskutierten Realitäten und Kämpfen als ‚Besucher*in' teilzuhaben, mit der ständigen Möglichkeit, sich aus dieser ‚Teilhabe' zurückzuziehen und den eigenen Lebens- und Erfahrungskontext fast nach Belieben zu wechseln, prägt unsere Perspektiven in einer Weise, die letztlich nicht zu überwinden ist.

Deshalb verstehen wir die nachfolgenden Reflexionen und ‚Thesen' weniger als abgeschlossene und unbeteiligte, vermeintlich neutrale Analysen, sondern eher als sich im Prozess befindliche, parteiliche, ‚interessierte' Überlegungen – interessiert an einer Welt, in der das scheinbar unüberwindbare Gefälle an Privilegien und Macht, das unsere Begegnung als Menschen erschwert und verzerrt, verschwunden sein wird. Es handelt sich um Reflexionen, die in konkreten subjektiven Erfahrungen gründen und die von offenen Fragen und widersprüchlichen Empfindungen durchzogen sind. Diese sehr persönlichen Perspektiven und Überlegungen gehen nicht zuletzt auf Beobachtungen von und Teilnahme an Diskussionen in (vor allem) feministischen und dekolonialen sozialen Bewegungen in Lateinamerika zurück sowie auf Einblicke, die wir in Gesprächen mit Freund*innen, Bekannten, Aktivist*innen gewonnen haben. In ihren Biografien, ihrem Fühlen und Denken spiegelt sich die lange Kolonialgeschichte wider. Der Austausch darüber brachte oftmals die schmerzvolle Erkenntnis hervor, dass die Unterschiede zwischen uns groß und die Gegensätzlichkeiten unserer jeweiligen Realitätserfahrungen nicht so einfach aufzulösen sind.

Die Geschichten, Erfahrungen und Perspektiven dieser Menschen, wenn auch unvollständig, in den weiterhin eurozentrisch verengten Diskursen ‚westlicher' Entwicklungsforschung und Theologie sichtbar zu machen, ins Bewusstsein und zu Gehör zu bringen, ist zentraler Antrieb der folgenden Überlegungen. Dafür stützen wir uns – als ‚Brücken' und

‚Krücken' – auf unterschiedliche Ansätze ökofeministischer und dekolonialer Theorien, die die Erfahrungen und Kämpfe feministischer, indigener und anderer sozialer Bewegungen in Lateinamerika reflektieren und diese mit der Sprache und den Diskursen des wissenschaftlichen Betriebes zu vermitteln suchen. Und schließlich bringen wir diese persönlichen und theoretischen Begegnungen und Auseinandersetzungen in Dialog mit unseren eigenen biografischen und wissenschaftlichen Erfahrungen und Hintergründen. Die Suche nach dem vermeintlich Gemeinsamen und das Herstellen von persönlicher ‚Nähe' und geteilten politischen Zielen und Strategien kann unter den sich ergebenden Widersprüchlichkeiten nicht ohne Weiteres erreicht werden. Zugleich aber ist angesichts der aktuellen globalen Machtasymmetrien und Herrschaftsverhältnisse die Frage nach gemeinsamem solidarischem Handeln unbedingt notwendig.

Im ersten Teil des vorliegenden Textes werden einführend die Genese und Entwicklung feministischer Befreiungstheologien und ihre Grundanliegen im lateinamerikanischen Kontext beschrieben. Anschließend daran gehen wir auf neue Ansätze, Subjekte und Fragestellungen feministischer Bewegungen und Theologien ein. Vor diesem Hintergrund werden abschließend die großen Herausforderungen skizziert, die sich daraus heute für eine feministische Befreiungstheologie ergeben, die sich nicht in ihren eigenen Konzepten einigelt, sondern anknüpfen möchte an ökofeministische und indigene Kämpfe und Prozesse der Dekolonialisierung, um am Aufbau horizontaler, wechselseitiger Beziehungen zwischen Frauen, sowie Menschen aller Geschlechter und der nichtmenschlichen Natur mitzuwirken.

2. Befreiungstheologie und feministische Theologie

Angestoßen durch die weltgeschichtlichen Katastrophen, Verwerfungen und gesellschaftlichen (Um)Brüche der ersten Jahrhunderthälfte kam es ab den 1950er Jahren zu weitreichenden Veränderungen innerhalb der katholischen Kirche. Insbesondere in den Ländern des sogenannten ‚Trikonts' (Afrika, Asien und Lateinamerika) vollzog sich vor dem Hintergrund massiver sozialer Mobilisierungen unterschiedlicher Volksbewegungen (Bäuer*innen, Gewerkschaften, Studierende etc.) und der zweiten

Entkolonialisierungswelle eine grundlegende Politisierung und Radikalisierung an der kirchlichen Basis, die in Lateinamerika zum Nährboden für die Entstehung der Befreiungstheologie werden sollte. Als Reaktion auf diese Aufbrüche und einen sich rapide wandelnden gesellschaftlichen Kontext versammelten sich die lateinamerikanischen Bischöfe 1955 in Rio de Janeiro zu ihrer ersten offiziellen Generalversammlung (Dussel 1988: 216-234; Saranyana/Alejos Grau 2002: 99-108). Auf diese Gründung einer gesamtlateinamerikanischen Bischofskonferenz folgten weitere wichtige Ereignisse, wie das Zweite Vatikanische Konzil (1962–1965) und die Bischofskonferenz in Medellín (1968). Unter dem Eindruck der fundamentalen historischen Umbrüche des 20. Jahrhunderts leitete das zweite Vatikanum unter der Losung „Die Zeichen der Zeit" eine grundlegende Öffnung der Kirche ein, um den veränderten historischen und gesellschaftlichen Realitäten gerecht zu werden. Auf der Konferenz in Medellín suchten lateinamerikanische Bischöfe, die das Zweite Vatikanische Konzil mitgestaltet hatten, in Auseinandersetzung mit der lateinamerikanischen Realität, die von vielfältigen Situationen der Repression und Gewalt, wirtschaftlicher Ausbeutung, Armut und Unterdrückung geprägt war, nach Wegen der Befreiung (Dussel 1988).

Fortgeführt wurden diese Ideen und Ansätze auf der dritten Lateinamerikanischen Bischofskonferenz in Puebla 1979, die in ihrem Abschlussdokument die Kirche und die pastorale Arbeit auf die sogenannte „Option für die Armen" verpflichtete.[1] In diesem Sinne wird die Perspektive der gesellschaftlich Marginalisierten, die unter Ausbeutung, Armut und Unterdrückung leiden, zum befreiungstheologischen Ausgangspunkt, von dem aus die geschichtliche Realität reflektiert und daraus theologisch-pastorale Handlungskonsequenzen gezogen werden sollen (Kern 2013: 36-43). Mit seinem Werk *Theologie der Befreiung* (1971) machte der peruanische Ordensmann Gustavo Gutiérrez die Befreiungstheologie bekannt. Im Kontext repressiver Militärdiktaturen wurde die historische Realität und Praxis im Licht des Glaubens reflektiert und die Frage danach gestellt, welche Handlungsschritte notwendig sind, um die christliche Vision einer von Ausbeutung, Gewalt, und Ausgrenzung befreiten Gesellschaft geschichtlich zu verwirklichen.

Ab den 1980er Jahren kritisierten feministische Theolog*innen die Befreiungstheologie wegen ihres scheinbar monolithischen Subjektes

„der Armen" und ihrer Verankerung in patriarchalen sowie eurozentrischen Grundlagen (vgl. Aquino 1997). Die feministischen Theolog*innen knüpfen zwar an die befreiungstheologischen Überlegungen an, fordern aber eine differenziertere Sichtweise auf die Gruppe „der Armen", die weitere Unterdrückungskategorien wie „Geschlecht", geschlechtliche oder sexuelle Identität und/oder „race" berücksichtigt. Die Option für die Armen wird somit zur Option für die ausgeschlossenen und diskriminierten Frauen und die Teilnahme an ihren Kämpfen um Befreiung. Dabei werden Frauen nicht nur als „Objekte" von Unterdrückung, sondern auch als Subjekte und Protagonist*innen der Befreiung und des theologischen Arbeitens in der Befreiungstheologie sichtbar gemacht (ebd.).

Feministische Theologien verorten sich also in den vielfältigen Unterdrückungserfahrungen von Frauen und verstehen sich als Teil feministischer sozialer Kämpfe (Rosado Nunes 1996). Daran wird deutlich, dass feministische Theologie nicht auf die bloße Reflexion von Praxis zu beschränken ist. Als Teil dieser politischen Praxis, die stets in einem konkreten Kontext verortet ist, beabsichtigt sie, die Wirklichkeit, aus der sie hervorgeht und die sie reflektiert, auch zu verändern. Kritische feministische Befreiungstheologie stellt sich folgende Fragen: Wie kann eine solidarische Praxis mit denjenigen (Frauen), die Ausbeutung und Ungerechtigkeit erleiden, im Horizont einer strukturellen und radikal befreienden Gesellschaftsveränderung aussehen? Und: Welche Wege und Maßnahmen erscheinen sinnvoll und notwendig, um das Leben von Frauen in einem konkreten Kontext zum Besseren zu verändern? Deshalb ist feministische Theologie eine parteiliche Theologie. Ihre Perspektive sind nicht jedwede Erfahrungen von Frauen, sondern jene spezifischen Erfahrungen von Gewalt, Marginalisierung und Ausbeutung, die Frauen sowohl auf der Ebene der alltäglichen familiären sozialen Beziehungen als auch auf der Makroebene ökonomischer, sozialer und politischer Strukturen machen (Schüssler-Fiorenza 1987). Dabei sieht feministische Theologie Frauen nicht nur als Opfer und Verliererinnen, sondern sie entwickelt auch ein Bewusstsein für ihr kreatives Widerstandspotenzial. Wenn Befreiung in einer gegenwärtigen Unterdrückungssituation Gestalt annehmen soll, dann bedeutet das, Unterdrückung, Utopien und Hoffnungen in einem historischen Ort zusammenzudenken. Befreiungstheologisch wird Utopie nicht als außerhalb von Ort und Zeit gedacht, sondern christliche Utopie versteht sich als

Kritik an bestehenden sozialen Verhältnissen und als Verweis auf mögliche Alternativen. In Abhängigkeit von den jeweiligen historischen und sozialen Bedingungen entstehen so, aus den konkreten Widersprüchen des Bestehenden heraus, utopische Entwürfe einer anderen, ‚vermenschlichten' Gesellschaft (vgl. Ellacuría 1995: 383ff.). Feministische Theologie benennt somit sexistische und rassistische Unrechtsstrukturen in Kirche und Gesellschaft und versucht durch theologische und biblische Neuinterpretationen Wege zu mehr Geschlechtergerechtigkeit anzustoßen (Aquino 1996).

2.1 Historische Momente lateinamerikanischer feministischer Theologie

Feministische Theologie versteht sich als „Sprachrohr" und Artikulation der vielen engagierten Frauen, die in unterschiedlichen kirchlichen Kontexten, aber auch anderen politischen und sozialen Bewegungen und Initiativen Wege der Befreiung suchen. Sie entsteht aus dem Impuls, „die unsystematische Rede der Frauen aus dem Volk, die im Rohzustand von den Lippen und aus den Händen kommt, zu reflektieren, zu organisieren und zu kommunizieren" (Freitas 2003: 25, Übersetzung S.L.). Ein wesentlicher Ausgangspunkt waren die sogenannten kirchlichen Basisgemeinden CEBs (*Comunidades Eclesiales de Base*), die ab den 1960er Jahren in ganz Lateinamerika entstanden. In diesen suchten zahlreiche Christ*innen angesichts der vielfältigen Situationen von Armut und Unterdrückung eine Antwort aus dem Glauben heraus. Ausgehend von der Lektüre biblischer Texte und der Analyse sozialer Problematiken wurden in einem partizipativen Miteinander Räume politischer Sozialisierung geschaffen. Die Basisgemeinden waren damit Ausdruck eines veränderten Status der Armen und Unterdrückten, die zu eigenständigen Subjekten ihres Handelns und damit auch ihrer religiösen und kirchlichen Praxis geworden waren. Damit wurden die Basisgemeinden zu einem Gegenentwurf zur klerikal verfassten hierarchischen Kirchenstruktur.

Diese kirchlichen Aktivitäten standen oftmals in Verbindung mit dem konkreten Engagement von Frauen, die an den Peripherien Auswege aus ihren prekären Lebensverhältnissen suchten. Ordensfrauen, Pfarrerinnen und pastorale Laienmitarbeiter*innen engagierten sich schon seit einigen Jahren für und mit Frauen und für deren Anliegen. Im Kontext der Basisgemeinden fanden Bibellektüren mit dem Ziel statt, bewusstseinsbildende Prozesse von Frauen durch Reflexion ihrer alltäglichen Unterdrückungssituation und den damit verbundenen Rollen als Mutter, Haus- und Ehefrau anzustoßen. Der Alltag (*lo cotidiano*) als jener Ort, an dem strukturelle Phänomene wie Unterdrückung, Armut und Marginalisierung unmittelbar erfahren werden, wird dabei zum bevorzugten Ausgangspunkt des Theologietreibens. Die kubanisch-US-amerikanische Theologin Ada María Isasi-Diaz spricht in diesem Sinne auch von einer „Hermeneutik des Alltags" (Isasi-Diaz 2000): „Die hermeneutische Funktion des Alltags macht die alltäglich erlebte Unterdrückung sichtbar; sie zeigt nicht nur deutlich die diskriminierenden Praktiken, sondern demaskiert auch diejenigen, die von ihnen profitieren" (ebd.: 488). Der Alltag armer Frauen ist zu großen Teilen geprägt von der Organisierung des Haushaltes und der Sorge um die Familie. Dabei bleibt die „Hermeneutik des Alltags" jedoch nicht nur innerhalb der Grenzen des familiären und privaten Kontextes verhaftet, sondern weist zugleich über diesen hinaus. Sie schafft „eine Verbindung zwischen den persönlichen Erfahrungen des alltäglichen Lebens und den in der Gesellschaft herrschenden Machtstrukturen" (Aquino 1997: 295).

Zugleich ist der Alltag nicht nur Ausdruck und Erfahrung von Unterdrückungs- und Machtverhältnissen, sondern auch Raum kreativen Widerstands. Es ist der Ort, an dem Hoffnungen auf den Aufbau einer gerechteren Gesellschaft mit nichthierarchischen Beziehungen und menschenwürdigen Lebensbedingungen erschaffen werden und Gestalt annehmen, ausgehend vom und im Alltag entstehen solidarische Bündnisse. So werden gemeinsam geteilte alltägliche Erfahrungen auch zu einer wichtigen Kategorie im Prozess kollektiver Identitätsbildung.

2.2 Frauenunterdrückung und Naturausbeutung – kolonisierte Körper-Territorien

Ab den 1990er Jahren brachen verschiedene neue Themen und Subjekte in die feministische Theologie ein und es kam zu weiterer Ausdifferenzierungen. Mit der zunehmenden Verschärfung sogenannter ökoterritorialer Konflikte gewann dabei insbesondere der in Europa und Indien entstandene Ökofeminismus (Mies/Shiva 1993; Shiva 1989; Bennholdt-Thomsen/Mies 1997) an Relevanz. Mit dem niederländischen Wissenschafter und Aktivisten Raphael Hoetmer (2013: 267) wird hier bewusst von ökoterritorialen statt von sozialökologischen Konflikten gesprochen. Denn in den aktuellen Auseinandersetzungen geht es vorrangig um die Kontrolle von Territorien und den damit verbundenen natürlichen Ressourcen und Gemeingütern. Frauen sind nicht nur von den Folgen des sich in diesem Zusammenhang ereignenden Landraubs besonders betroffen, sondern sie werden auch zu zentralen Akteurinnen des Widerstands dagegen (Silva Santisteban 2017: 53).

Der europäisch-indische Ökofeminismus hat vor mehr als 30 Jahren im Kontext atomarer Bedrohungen und Umweltkatastrophen begonnen, den strukturellen Zusammenhang zwischen der gewaltvollen Unterwerfung und Aneignung von Frauenkörpern und der grenzenlosen Naturzerstörung sichtbar zu machen und theoretisch zu analysieren (Graneß/Kopf/Kraus 2019: 269). An dieser Stelle möchten wir nicht auf die vielfältigen Entwicklungen ökofeministischer Theoriebildung eingehen, sondern beziehen uns auf jene ökofeministischen Praxis, die heute in der politischen Militanz zahlreicher Frauen und Kollektive in Lateinamerika sichtbar wird. Es geht also um jene Frauen, die sich gegen Gewalt an ihren Körpern wehren und ihre Territorien verteidigen: die Ackerböden, Wälder und Flüsse, von denen sie leben.2 Diese bilden ein wesentliches Element ihrer Kosmovisionen und Traditionen und sind damit nicht nur Basis der Reproduktion ihres materiellen, sondern auch ihres kulturellen Lebens. Denn trotz der vielfältigen Brüche, die Christianisierung und Kolonialisierung mit sich gebracht haben, leben im Selbst- und Weltverständnis und den kollektiven Erinnerungen dieser Frauen Impulse ancestraler, präkolonialer Weisheiten und Epistemologien fort.

Die Aymara-Theologin Sofía Chipana Quispe (2020) erläutert, dass das Leben aus diesen Wissensbeständen, die jahrhundertelang ihrer Entfaltung beraubt wurden, in einer tiefen Verbundenheit zum Kosmos gründet. An die Stelle dualistischer Konzeptionen, wie z.B. dem Gegensatz von Mensch und Natur, treten hier Vorstellungen von Reziprozität und Komplementarität. Das Bewusstsein, in einem großen Lebensgeflecht aller und mit allem zu existieren, führe auch zu einer veränderten Kosmopraxis, zu alternativen Seins- und Daseinsweisen. Im Zentrum steht das Streben nach Harmonie und Gleichgewicht. Die damit verbundenen relationalen Praktiken, die symmetrische Beziehungen zwischen allen Lebewesen – Menschen, Tieren, Pflanzen – knüpfen, stellen laut Chipana

Quispe (2020: 44) eine Bedrohung für den modernen Mythos dar, der den Kosmos und seine Bewohner*innen zu Objekten und Rohstoffen degradiere. Die Konzepte und Theorien des akademischen Ökofeminismus können in Lateinamerika damit an eine jahrhundertelange eigene Tradition ökologischer Denkweisen und Praktiken anknüpfen.

Deshalb gehen Politiken des Extraktivismus oft mit der Ausrottung der indigenen Bevölkerung einher und militarisieren ihre Territorien. In der neokolonialen Gewalt des Extraktivismus als einer Manifestation des modernen Fortschritts- und Entwicklungsparadigmas wird der Zusammenhang zwischen Naturzerstörung und der Unterdrückung weiblicher Körper deutlich. Die Konsequenzen der Entfremdung und Zerstörung von Territorien durch den extraktiven Kapitalismus spüren besonders Frauen an und mit ihren Körpern, so die peruanische Literaturwissenschaftlerin, Feministin und Menschenrechtsaktivistin Rocío Silva Santisteban (2017: 11, Übersetzung S.L.): „In Lateinamerika durchleben wir Frauen in unseren Körpern, in unserem Denken, in unseren Söhnen und Töchtern, in unseren Territorien die vielfache Gewalt des Entwicklungsmodells des extraktiven Kapitalismus, der in den letzten zwanzig Jahren dem globalen Süden aufgedrückt wurde."

Dieser Zusammenhang wurde von lateinamerikanischen Denker*innen mit dem Konzept des „Körper-Territoriums" zu fassen versucht (Cabnal 2010; 2018; Espinosa Miñoso/Gómez Correal/Ochoa Muñoz 2014). Damit wird die untrennbare ontologische Verbindung von Körper und Territorium bezeichnet. Die Erde, die Natur ist darin als „planetarischer Körper" mit den menschlichen Körpern verwoben (Zaragocín/Carreta 2021: 1505). Diese Körper-Territorien bilden die unverzichtbare Grundlage menschlichen und nichtmenschlichen Lebens. Der Begriff Territorium bezieht sich dabei nicht nur auf ein geografisches, räumliches Gebiet oder die zu bebauenden Ackerböden. Gemeint ist damit vielmehr jener Ort, der sich aus einem Netz vielfältiger Beziehungen, die zum Leben notwendig sind, zusammensetzt. Für die in und mit ihm lebenden Menschen ist das Territorium identitätsstiftend, da es sowohl die Ökosysteme als Lebensgrundlage als auch die Kosmovisionen umfasst. Da Frauen historisch betrachtet überwiegend diejenigen waren, die für den Erhalt und die Reproduktion des Lebens gesorgt haben, betrifft es sie besonders, wenn dieser Zusammenhang zerstört wird. Im Widerstand gegen das lebensverneinende kapitalistische System setzten sich Frauen daher für die Befreiung ihrer Körper-Territorien und die Entwicklung alternativer Lebensformen ein.

2.3 Kritik an der Moderne, dekolonialer Feminismus und entkolonialisierte Praktiken

Bis heute schreibt sich die koloniale Gewaltgeschichte der Enteignungen, Ausbeutung und Unterdrückung fort. In den letzten 20 Jahren haben sogenannte dekoloniale Theorien aus einer lateinamerikanischen Perspektive den Blick auf diese Geschichte erheblich verändert und erweitert. Diese beschäftigen sich vor allem damit, wie kolonial geformte Machtverhältnisse, die sich sowohl in ökonomischen Strukturen als auch in verinnerlichten Denkweisen und Selbstverständnissen festschreiben, über den Zeitpunkt der politischen Unabhängigkeit hinaus fortwirken. Den Ausgangspunkt dieser Debatte bildeten die Analysen des peruanischen Soziologen Aníbal Quijano und sein Konzept der „Kolonialität der Macht" (Quijano 2000). Damit beschreibt er ein global wirksames Machtgefüge, das mit der kolonialen Eroberung der Amerikas entstand und sämtliche Lebensbereiche strukturiert. Dieses konstituiert sich durch eine rassistische Klassifizierung der Weltbevölkerung, die sich mit Formen der Organisation und Kontrolle von Arbeit unter der Herrschaft des Kapitals artikuliert und untrennbar mit den kulturellen und wissenschaftlichen Grundlagen der Moderne verwoben ist. Demnach setze sich die Kolonialität der Macht in einer „Kolonialität des Seins" (Maldonado-Torres 2007) und einer „Kolonialität des Wissens" (Lander 2000) fort, die Europa zum exklusiven und universellen Ort von Geschichte und kultureller Entwicklung erhebe.

Aus dem lateinamerikanischen Kontext wird somit eine radikale Kritik an der Moderne formuliert, die in enger Verbindung zum Projekt der Kolonialisierung stehe. Moderne ist demnach ohne das im Kolonialismus begründete asymmetrische Machtsystem nicht denkbar. Dabei haben feministische dekoloniale Denker*innen wie Maria Lugones (2010) darauf hingewiesen, dass auch die Kategorie „Gender" eine zentrale Ungleichheitsachse dieses kolonialen Machtgefüges konstituiert. Mit der Kolonialisierung habe sich demnach auch die Durchsetzung eines heteronormativen Geschlechts- und Sexualitätsverständnisses vollzogen. Dabei wurden der männliche, weiße, bürgerliche, heterosexuelle Körper zur exklusiven Norm des Menschseins erhoben und alle davon abweichenden Existenzformen als defizitär entmenschlicht (ebd.: 743ff.). In diesem Sinne sind die Abwertung, Unterdrückung und Ausbeutung indigener und weiblicher Körper sowohl historisch als auch strukturell miteinander verwoben. Denn in der Kolonialzeit ging die Vertreibung der indigenen Bevölkerung von ihren Territorien mit einer Strategie der Ent-Maskulinisierung einher: Indigene Männer wie Frauen wurden als untergeordnete Wesen, ohne Autonomie und eigene Rechte betrachtet und damit der Sphäre der Natur zugeschrieben. An diesen Körpern manifestieren sich bis heute Gewalt, Missbrauch, Ausbeutung, Manipulation und Kontrolle ebenso wie ideologisch überfrachtete Idealisierungen. Denn das koloniale Konzept des indigenen und feminisierten Amerikas „legitimierte" die Unterwerfung und Enteignung der Körper und der Territorien (Gargallo Celentani 2014: 48-51). Die Konstruktion von Natur als wilden, unzivilisierten Raum diente dabei als ideologische Rechtfertigung der maßlosen Ausbeutung der Bodenschätze Amerikas. Die Ausplünderung der Erde und derjenigen, die auf ihr wohnen, ist somit innerster Kern jenes Gewaltsystems, das mit der Kolonialisierung ihren Ausgang nahm und sich im gegenwärtigen globalisierten Kapitalismus fortsetzt.

Dabei ist diese Kritik an der kolonialen Moderne kein bloß theoretisches und akademisches Unterfangen, sondern speist sich aus konkreten Praktiken der Dekolonialisierung. Denn die koloniale Unterwerfung und Durchdringung der eroberten Gemeinschaften konnte nie vollständig vollzogen werden. Vielmehr formierten sich von Beginn an Widerstand und praktische lokale Gegenentwürfe, die bis heute existieren und sich zugleich neben und in Auseinandersetzung mit der kolonialen Moderne weiterentwickeln. Die Aymara-Soziologin Silvia Rivera Cusicanqui (2018) spricht daher von einem eigenständigen Projekt „indigener Modernität" (ebd.: 76). Im Gegensatz zum linearen und teleologischen Zeitverständnis der europäischen Moderne beruhe dieses auf der Vorstellung eines zyklisch-spiralförmigen Verlaufs der Zeit. Es handelt sich dabei um eine wiederholte Rückkoppelung an die präkoloniale Vergangenheit und damit um die Rückeroberung der eigenen unterdrückten Geschichte, die zum Ausgangspunkt für die Entwicklung einer entkolonialisierten Zukunft werden sollte. Im Widerstand gegen die Kolonialisierungsprojekte der Neuzeit konnten indigene Traditionen und Praktiken subversiv fortgesetzt und eine eigene antikoloniale Gegengeschichte geschrieben werden (ebd.).

Zugleich betont Cusicanqui, dass sich dekoloniales Denken stets mit den alltäglichen Erfahrungen und Kämpfen kolonisierter Subjekte verbinden muss. Ohne konkrete politische Praxis, so Cusicanqui, verbliebe jedes Projekt der Dekolonialisierung ein rein theoretischer, akademischer Diskurs: „Es gibt keinen Dekolonialisierungsdiskurs, keine Dekolonialisierungstheorie ohne die dazugehörigen Praktiken" (ebd.: 84). Diese gehen von konkreten Alltagserfahrungen aus, die mit dem eigenen Körper er- und durchlebt werden. In diesem Sinne müsse die einseitige Priorisierung theoretisch-abstrakten Wissens und distanzierter Analysen im westlichen Wissenschaftsbetrieb überwunden werden. Diese gründe im sogenannten „Oculocentrismo" (Cusicanqui 2015: 25), der Vorrangstellung des Sehsinns, der tief in den westlichen Epistemen verankert sei und bereits bei Aristoteles und Platon seinen Ausgang nehme. Demgegenüber müsse dekoloniales Denken von einem ganzheitlichen Verständnis körperlicher Erfahrung ausgehen, das neben dem Seh- auch alle weiteren Sinne einschließe. Es geht also darum, den „Blick des Körpers" in die Analyse zu integrieren. Dekolonialisierung mit und durch den Körper ist nicht ein Prozess, über den man schreibt, sondern vielmehr ereignet er sich aus und im praktischen Tun.

Diese Rückkoppelung der Analyse in die konkreten, „verorteten" Körper impliziert auch eine Kontextualisierung und Pluralisierung feministischer Theorie. In dieser Hinsicht besteht eine grundlegende Kritik an westlichen Feminismen darin, dass diese mit ihrer Idee einer „Gemeinschaft freier Frauen" den Zusammenhang von Moderne, Patriarchat und Kolonialität unberücksichtigt ließen. Diese Vision eines einheitlichen feministischen Subjektes vernachlässige die unterschiedlichen historischen Unterdrückungserfahrungen von Frauen und damit auch deren unterschiedliche Machtpositionen und Privilegien. Gegenüber dieser monolithischen Konzeption haben sich sogenannte dekoloniale oder dissidente Feminismen formiert, die eine Dekolonialisierung der Macht auch innerhalb der feministischen Bewegung fordern (Duarte/Ixkic 2012: 159). Es geht um eine epistemische Dekonstruktion, um damit „andere" Erfahrungen, Kosmovisionen und Wissenssysteme, die im Schatten der kolonialen Betriebe der Wissensproduktion unsichtbar gemacht wurden, in den Blick zu rücken und davon ausgehend Konzepte und Forderungen für einen „eigenen" und damit „anderen", dekolonialen Feminismus zu entwickeln.

Denn dekoloniale Feministinnen gehen davon aus, dass eine Depatriarchalisierung nur unter Einschluss einer Dekolonialisierung geschehen kann.

2.4 *Feminismo comunitario*: Gemeinschaften des Guten Lebens

Innerhalb der Debatten und Ansätze lateinamerikanischer Feminismen ist der sogenannte *feminismo comunitario* ein Beispiel dafür, wie indigene Frauen im Prozess der Dekolonialisierung ausgehend von ihrer Kosmovision und -praxis sowie ihren kulturellen und sozialen Strukturen eigene Vorschläge von Frauenbefreiung erschaffen. Der *feminismo comunitario* formierte sich als feministische Reflexion innerhalb indigener Selbstermächtigungsprozesse und Autonomiebestrebungen, etwa unter den südmexikanischen Zapatistas oder in Bolivien, und verbindet mittlerweile Frauen verschiedener indigener Gruppen von Mexiko bis Chile. Gegenüber einer Logik der Vereinzelung und Versklavung der Körper versucht der *feminismo comunitario* kollektive politische Alternativen, wie z.b. solidarische schwesterliche ökonomische Systeme, zu entwerfen und zu leben.

Im Gegensatz zu westlich-liberalen Feminismen geht es im *feminismo comunitario* weniger um individuelle Rechte als um kollektive Strukturen und Systeme. Er findet seinen Ausgangspunkt im Respekt und der Verantwortung dem Leben gegenüber und zielt darauf ab, Gemeinschaften zu bilden, die dieses gute Leben für alle und alles ermöglichen. Von der Gemeinschaft ausgehend wird nicht nur die Überwindung von männlicher Herrschaft angestrebt, sondern eine gänzlich neue Gesellschaftsordnung. Frauen und Männer werden dabei innerhalb eines größeren Beziehungsgeflechtes, in Bezug auf die *comunidad*, die Gemeinschaft, gedacht. In den neuen Gemeinschaften des guten Lebens soll in Anlehnung an indigene Konzepte des *„Buen vivir"*, *„Sumak Kawsay"* oder *„suma qamaña"* ein (Zusammen-)Leben mit horizontaleren Strukturen, auch in Bezug auf die Natur und ihre Ressourcen, geschaffen werden (vgl. Paredes 2014: 92). Das Ziel ist „der Aufbau einer Welt, die sich daran freut, […] das Leben zu bewahren" (ebd.: 9, Übersetzung M.K.), und dies stellt somit einen Gegenentwurf zur gegenwärtigen kapitalistischen Ordnung dar, die als „System des Todes" (ebd., Übersetzung M.K.) bezeichnet wird.

Für diese gesellschaftlichen Veränderungen im Sinne der Dekolonialisierung ist es unabdingbar, Frauen und ihre Anliegen nicht auf sogenannte „frauenspezifische" Fragen zu reduzieren, sondern sie als gleichberechtigte gesellschaftliche Gruppe und als unentbehrlichen Bestandteil der *comunidad* anzuerkennen. Die Anliegen des *feminismo comunitario* und dessen zentraler Bezugspunkt *comunidad*/Gemeinschaft sind an jedem Ort – sei es in urbanen oder ländlichen Kontexten – umsetzbar. Es handelt sich um ein – zum individualistischen Verständnis – alternatives, universelles Prinzip, gesellschaftliches Leben zu organisieren (ebd.: 86). Für diese „andere" gesellschaftliche Ordnung und im Widerstand gegen historisch gewachsene koloniale Strukturen positioniert sich der *feminismo comunitario*. Die spezifischen Kämpfe und Anliegen lateinamerikanischer Frauen sind der Ausgangspunkt für theoretische, feministische Reflexionen und ermöglichen kreative Subjektivierungsprozesse.

In Erinnerung an die Vorfahrinnen und Großmütter, ihre Kämpfe und Weltanschauungen wird die eigene Geschichte und Tradition als feministisch definiert (ebd.: 76). Davon ausgehend wird versucht Kategorien zu formulieren, die für vergangene Kämpfe bedeutsam waren und sich vom westlichen modernen Denken deutlich unterscheiden. Dafür ist ein epistemischer Bruch mit bestehenden Denkkategorien unvermeidbar und der Entwurf eigener Konzeptualisierungen, die der lateinamerikanischen Realität gerecht werden, notwendig. Julieta Paredes schlägt fünf zentrale Handlungsfelder vor, auf die sich die dekolonialen Kämpfe indigener Frauen erstrecken: Sie geht zunächst von der Kategorie „Körper" aus, der Existenzgrundlage und dem Ausgangspunkt für politisches Handeln. Die Dekolonialisierung der Körper schließt die Befreiung von eurozentrischen Schönheitsvorstellungen und der damit verbundenen Abwertung indigener Körper mit ein, ebenso wie die Absage an die Sexualisierung und Objektivierung weiblicher Körper (ebd.: 100f.). Kollektive, horizontal organisierte Räume in den Territorien zu schaffen, in denen sich diese Körper neu entfalten können, ist das daraus folgende zweite Handlungsfeld (ebd.: 102-108.). Das dritte Feld thematisiert das Verständnis von Zeit. Auf die Bedeutung zirkulärer statt linearer Zeitlichkeit wurde weiter oben bereits hingewiesen. Hinzu kommt noch ein weiterer Aspekt, der die Inwertsetzung von Zeit betrifft: Die Aktivitäten, die Männer verrichteten und damit deren Zeit, würden als wichtig und wertschöpfend im Vergleich zu den Tätigkeiten von Frauen betrachtet, die mit reproduktiven Arbeiten „ihre Zeit verschwenden würden" (ebd.: 111). Die Zeit für diese alltäglichen und reproduktiven Tätigkeiten, die das Leben erst ermöglichen, müsse wertgeschätzt und aufgeteilt werden, damit Frauen ihre Lebenszeit auch für andere Aktivtäten verwenden könnten. Das vierte Handlungsfeld ist die Bewegung als der Zusammenhang, in dem Organisierung, Formulierung politischer Forderungen und die Konstruktion von Alternativentwürfen stattfinden, „ein gemeinsamer Körper, der für [...] das Gute Leben kämpft" (ebd.: 112, Übersetzung M.K.). Die Erinnerung an Traditionen, Weisheiten und Praktiken der Ahninnen bildet das fünfte Handlungsfeld. Dabei geht es nicht um einen romantisierenden, idealisierenden Blick auf die präkoloniale Vergangenheit, sondern ein kritisches Wahrnehmen der Verbindung präkolonialer und kolonialer patriarchaler Unterdrückung und der Erinnerung und Wertschätzung der subversiven Strategien von Frauen (ebd.: 115-118). Zusammenfassend lässt sich sagen, dass das subversive Gedächtnis, Identität und Gemeinschaft die drei wesentlichen Elemente für die Entwicklung des *feminismo comunitario* darstellen.

Indigene dekoloniale Feministinnen tragen, ausgehend von ihren konkreten Körpern, wesentlich zur Entwicklung anderer Epistemologien bei: „Unsere Körper, die Zeit haben wollen, zu lernen und zu theoretisieren, wir wollen die Dinge mit dem Klang unserer eigenen Stimme benennen. Wir wollen unseren Körper einsetzen, um soziale und politische Bewegungen zu gestalten, die Ideen entwickeln und unsere Träume und Hoffnungen zusammenbringen" (ebd.: 100, Übersetzung M.K.).

Wenn wir davon ausgehen, dass im globalen Kontext von Rassismus, (Neo-)Kolonialismus, Imperialismus und Sexismus trotz aller Differenzen zwischen Frauen die Notwendigkeit besteht, Formen eines transnationalen Feminismus zu schaffen, so ist deutlich geworden, dass dies kein konflikt- und widerspruchsfreier Prozess ist. Wie können Frauen trotz oder gerade aufgrund kultureller, ethnischer, nationaler und sozioökonomischer Unterschiede innerhalb eines strukturellen Machtgefüges Bündnisse schließen? Die Konstruktion von Gemeinsamkeit und Solidarität, so die dekoloniale, antirassistische und feministische Philosophin aus der Dominikanischen Republik Yuderkys Espinosa Miñoso (2012: 162-166), verlaufe nicht über vermeintlich gemeinsame Unterdrückungserfahrungen. Diese würden immer der Gefahr unterliegen, identitäre und separatistische Bewegungen zu schaffen. Dagegen müsse im Sinne einer Dekolonialisierung die gemeinsame Überzeugung bestehen, die existierenden Machtgefüge zu durchbrechen. Dies bedeute auch, Privilegien und Machtpositionen aufzugeben bzw. notwendigerweise zu verlieren sowie das komplexe Gefüge von Machtstrukturen als Ausgangspunkt zu begreifen, um somit zu erkennen, dass alle Körper von den politischen Kämpfen auf unterschiedliche Weise betroffen und diesen ausgesetzt sind. Diese Positionierung erlaubt gemeinsame Allianzen jenseits persönlicher Affinitäten und den Anstoß ernsthafter Prozesse von Dekolonialisierung. Ausgehend von der Akzeptanz der Diversität an Feminismen und Spiritualitäten wird der respektvolle Umgang mit den jeweils anderen Räumen und die Annahme von deren Kritik möglich.

Für aktuelle feministisch-theologische Diskurse stellen die dekolonialen, feministischen Theorien und Praktiken eine Herausforderung dar und appellieren daran, im interdisziplinären Dialog neue Ansätze zu entwickeln, die deren Kritik und Befreiungskämpfe innerhalb theologischer Reflexionen ernst- und aufnehmen.

3. Für eine transnationale ökofeministische dekoloniale Theologie

Dekolonialen und indigenen Feminismen geht es also um eine Befreiung aus patriarchal-kolonialen Machtverhältnissen, die sich in den Körpern, in den Territorien, in der Arbeitsteilung und im Rechtssystem niedergeschlagen haben. Dabei schließen sie an die allgemeinen dekolonialen Analysen und Theorien und deren Kritik an dem intrinsischen kolonialen und rassistischen Charakter der modernen Episteme und Gesellschaftsordnung an. Indem sie die euro- und androzentrischen Verengungen und repressiven Züge zentraler Grundpfeiler dieser Episteme, etwa ihrer binären Logik oder der dualistisch-hierarchischen Trennung von Kultur und Natur, aufzeigen, machen sie deutlich, dass die geforderte Transformation alle Ebenen des gesellschaftlichen Lebens einbeziehen muss. Dies beginnt mit der Dekolonialisierung der Körper und den damit verbundenen subalternen Identitätszuschreibungen, dem Fühlen und Denken, und setzt sich fort in der Veränderung sozialer Beziehungen, gesellschaftlicher Geschlechter- und Naturverhältnisse, politischer Institutionen und Rechtssysteme bis hin zur Dekolonialisierung der globalgesellschaftlichen Arbeitsteilung. Aus der Überzeugung heraus, dass dieser Prozess nur aus und in verorteten solidarischen Praktiken entstehen kann, entwickeln diese Bewegungen konkrete antisystemische Alternativen zur kolonial-patriarchalen Logik und leisten damit wesentliche Impulse für einen neuen transnationalen, dekolonialen Feminismus (Guzmán Arroyo 2019: 51).

Für eine feministische Theologie, die sich der Befreiung aus Herrschaft und Unterdrückung verpflichtet weiß, stellen diese Beiträge in mehrfacher Hinsicht eine wichtige Herausforderung dar, die nach einer umfassenden Selbstreflexion und Revision der eigenen Grundlagen und theologisch-politischen Praxis verlangt. Die Debatten über Dekolonialisierung stellen zentrale Postulate, Kategorien und Konzepte der modernen feministischen Theologie grundlegend in Frage und bieten damit unverzichtbare Ansatzpunkte und Anregungen für eine selbstkritische Auseinandersetzung mit der belasteten Geschichte und dem kolonialen Erbe des Christentums. In diesem Sinne werden nachfolgend einige Ideen und Ansätze für eine Dekolonisierung feministischen Theologietreibens aufgezeigt, die deren koloniale Überformung ernst nimmt, ohne diese damit aber insgesamt für obsolet zu erklären. Dadurch soll dessen zentrales Anliegen, den patriarchalen und hierarchischen Charakter christlicher Theologien und Kirchen zu überwinden, zugleich gewahrt, aber auch wesentlich erweitert und radikalisiert werden.

Zunächst erfordert dies eine kritische Auseinandersetzung mit den Subjekten feministisch-befreienden Theologietreibens, das bislang vorrangig im Leben und Denken „westlich" situierter Frauen verankert ist. Eine dekolonial informierte feministische Theologie muss in ihrer Kritik an den „zutiefst frauenfeindlichen, patriarchalen christlichen Kirchen" (Schaumberger 1988: 349) auch deren kolonialen und rassistischen Charakter berücksichtigen. Das bedeutet nicht zuletzt die asymmetrischen Machtstrukturen zwischen Frauen aus unterschiedlichen soziokulturellen und geopolitischen Kontexten in den Blick zu nehmen, die sich auch innerhalb feministischer Bewegungen reproduzieren. So konstatieren Hérnandez und Canessa einen weit verbreiteten „diskursiven Kolonialismus" (2012: 26, Übersetzung J.S.), der nichtwestliche, etwa indigene Frauen ausschließlich als Opfer des Patriarchats darstelle und damit den Protagonismus und die spezifischen Handlungsspielräume, die diese innerhalb ihrer jeweiligen Lebenskontexte errungen haben, unsichtbar mache (ebd.). Ebenso wurden die Pluralität von Feminismen und feministischen Bewegungen innerhalb der feministischen Befreiungstheologie bislang nicht ausreichend beachtet. Will feministische Befreiungstheologie ihre eigenen Prinzipien ernst nehmen, muss sie aber ihren theologischen Ausgangspunkt stets an den Rändern des kapitalistisch-kolonial-patriarchalen Weltsystems finden. Dafür aber gilt es, die Vielfalt an Unterdrückungserfahrungen durch dieses System zu berücksichtigen und sich dementsprechend auch auf neue theologische Subjekte hin zu öffnen. Für den lateinamerikanischen Kontext bedeutet das eine zunehmende Verankerung im Alltag indigener und afroamerikanischer Frauen, von LGBTQI+ und anderen marginalisierten Gruppen.

Zugleich darf diese Pluralisierung jedoch nicht in eine vollkommene Fragmentierung feministischer Bewegungen führen. Angesichts der verheerenden Auswirkungen patriarchal-kolonialer Gewaltsysteme und deren globaler Verflechtungen ist eine gemeinsame grenzüberschreitende feministische Praxis unerlässlich. Die Frage danach, wie transnationale Bündnisse gestaltet werden können, die unterschiedlichen kontextuellen Erfahrungen und Praktiken gerecht werden, ohne in identitären und diskursiven Auseinandersetzungen um bloße Zuschreibungen zu verharren, ist dabei zentral und zugleich nicht leicht zu beantworten.

Zweitens aber bringt diese Diversifizierung ihrer Subjekte auch grundlegende inhaltliche, epistemologische und ontologische Anfragen an eine feministische Befreiungstheologie mit sich. Denn Dekolonialisierungsprozesse innerhalb der Theologie zuzulassen bedeutet nicht nur, neue – etwa indigene – Subjekte und deren Anliegen und Ansätze in bestehende Logiken und Konzepte zu integrieren, würde dies doch schlussendlich nur eine Assimilation an eine eurozentrische und damit auch koloniale Epistemologie bedeuten. Eine ernsthafte Auseinandersetzung mit und Öffnung in Richtung dieser Subjekte erfordert vielmehr, sich von dieser Begegnung erschüttern und irritieren zu lassen, eigene Selbstverständlichkeiten und Grundannahmen zur Disposition zu stellen und sich auf neue Konzepte jenseits des kolonialen epistemologischen Rahmens hin zu öffnen.

Dies betrifft vor allem die moderne Vorstellung einer verobjektivierten und dem Menschen äußerlichen und untergeordneten Natur, zu der auch das Christentum seinen Beitrag geleistet hat und die sich umgekehrt tief in die europäische Tradition einer patriarchalen, idealistischen und körperfeindlichen Theologie eingeschrieben hat. Die Dramatik der ökologischen Krise, die mittlerweile das Überleben der gesamten Menschheit bedroht, führt uns die Notwendigkeit der Überwindung dieses hierarchisch dualistischen Weltbildes der Moderne heute dringlicher denn je vor Augen. In diesem Sinn fordert etwa der uruguayische Soziologe Eduardo Gudynas einen radikalen gesellschaftlichen Paradigmenwechsel, weg von der vorherrschenden anthropozentrischen hin zu einer „biozentrischen Ethik" (Gudynas 2014, Übersetzung S.L.), in deren Zentrum nicht mehr allein die Sorge um das menschliche Leben, sondern um das Leben an sich stehen sollte. Dafür aber müssten die Menschen ihre Allmachtsvorstellungen überwinden und ein Bewusstsein für ihre vielfältigen Abhängigkeiten von und Verwobenheiten mit ihrer menschlichen wie nichtmenschlichen Mitwelt gewinnen. Eine wichtige Inspirationsquelle und Vorbild einer solchen „biozentrischen Ethik" böten laut Gudynas die ganzheitlichen und relationalen Natur- und Gesellschaftsverständnisse indigener Kosmovisionen (ebd.). Dabei geht es ihm allerdings nicht um eine romantisierende Rückkehr zu einer präkolonialen Vergangenheit, die von aktuellen Debatten und Entwicklungen abgeschottet werden sollte. Vielmehr handelt es sich um das Bemühen, in diesen unterdrückten und unsichtbar gemachten Kulturen und Kosmovisionen Potenziale für die Entwicklung von Alternativen zu entdecken, die das Leben auf dem Planeten bewahren können.

Auf dem Feld der Theologie bietet wiederum die mexikanische Theologin Marilú Rojas Salazar mit dem Konzept einer „Ökosophie des Lebens" (2012, Übersetzung S.L.) einen wichtigen Anstoß zur Entwicklung einer solchen „biozentrischen Ethik". Sie sieht den anthropozentrischen, patriarchalen und körperfeindlichen Charakter der dominanten christlichen Tradition untrennbar mit dem dualistischen Weltbild der Moderne verbunden, das selbst vor widerständischen und gegenhegemonialen Strömungen nicht halt mache. So seien auch die Vorstellungen eines befreienden Gottes häufig maskulinistisch geprägt. Befreiung werde dann verstanden als Ausweitung von Handlungsmacht und Überwindung der Beschränkungen des irdischen, körperlichen und biologischen Lebens. Eine solche Vorstellung führe aber nur allzu leicht zu einer einseitigen Unterwerfung und Ausbeutung der Natur und jener Menschen – in den meisten Fällen Frauen –, denen die Verantwortung für dieses körperliche Leben übertragen wird. Eine tatsächlich befreiende ökofeministische

Theologie erfordere daher zuallererst eine ganzheitlichere und relationale epistemologische Basis, die die atomistischen und idealistischen Verengungen der Moderne überwinde. In diesem Sinn schlägt Rojas Salazar die „Ökosophie des Lebens" als epistemologischen Gegenentwurf vor, von dem aus eine solche alternative Theologie errichtet werden könnte. Entgegen einer abstrakten, akademischen, weltenthobenen und universalistischen Theologie, die ort- und zeitlos über der Geschichte schwebe, versteht Rojas Salazar, die „Ökosophie" dabei als kontextuellen, spezifisch lateinamerikanischen Beitrag. Denn dieser beruhe auf den alltäglichen Lebensrealitäten, den Welt- und Gottesvorstellungen von indigenen, afroamerikanischen und anderen marginalisierten Frauen, deren Erfahrungen in die etablierte Theologie bislang kaum Eingang gefunden haben. Die ganzheitlichen Kosmovisionen präkolonialer Traditionen bilden dabei auch für die „Ökosophie" eine zentrale Inspirationsquelle. Damit aber wird auch eine grundlegende Dezentrierung des eurozentrischen Universalismus des hegemonialen Christentums vollzogen, der andere Welt- und Gottesvorstellungen über Jahrhunderte als Häresie und Götzendienst abwertete. Die zentralen konzeptionellen Eckpfeiler von Rojas Salazars „Ökosophie des Lebens" bilden die umfassende Immanenz des Göttlichen in der irdischen Welt und eine ganzheitliche und affirmative Vorstellung von Körperlichkeit.

Ein befreiendes Christentum beruft sich wesentlich auf die Figur der „Kenosis", also der Menschwerdung Gottes. Demnach schwebe das Göttliche nicht in einem abgetrennten Jenseits, sondern offenbare sich im Menschen. Damit wird Gottesdienst zum Dienst am Menschen und so zu einem radikal diesseitigen und politischen Unterfangen. Allerdings kippt diese Vorstellung nur allzu leicht in eine Vorrangstellung der menschlichen vor allen anderen Lebensformen. Zudem wurde und wird die Vermenschlichung des Göttlichen vielfach als männlich vorgestellt. Gegenüber dieser anthropo- und androzentrischen Hybris plädiert Rojas Salazar, unter Bezug auf den Schöpfungsgedanken, für eine pantheistische Wendung, die die Immanenz des Göttlichen in der gesamten irdischen Welt ins Zentrum rückt. Demnach dürfte sich das menschliche Leben nicht mehr als Krone, sondern als Teil einer ganzheitlichen göttlichen Schöpfung verstehen, die durch wechselseitige Abhängigkeiten und Verwobenheiten gekennzeichnet sei und in der „alles miteinander verbunden ist" (Franziskus 2015: 17).

Die zweite Stoßrichtung der „Ökosophie" wendet sich gegen das Ideal der reinen Geistlichkeit, das eng mit der Körperfeindlichkeit und Misogynie der patriarchalen christlichen Theologie zusammenhängt. Dabei wird der menschliche Geist, verstanden als kontemplative und abstrakte mathematische Vernunft, als exklusive Sphäre des Göttlichen und der Erkenntnis konzipiert und einem vermeintlich männlichen Wesen zugeschrieben. Im Umkehrschluss wird der menschliche Körper weiblich konnotiert, der Sphäre des Biologischen und Natürlichen zugeschrieben und als Hindernis für die vermeintlich höheren menschlichen Betätigungen des Geistes abgewertet. Entgegen dieser Verengung der theologischen wie wissenschaftlichen Vernunft auf rein kognitive Eigenschaften steht die Ökosophie für eine Theologie des Körpers, die auch Affekte, Emotionen und Begehren einschließt. Der Körper wird dabei in seiner Ganzheit als Gravitationspunkt sämtlicher Lebensbereiche und -beziehungen verstanden, die vom biologisch-materiellen über das Soziale bis zum Geistigen reichen und damit auch als Ort der Erkenntnis und des Zugangs zum Göttlichen und Absoluten. Darüber hinaus wird der menschliche Körper nie atomistisch, sondern immer in seinen vielfältigen gesellschaftlichen und biologisch-natürlichen Zusammenhängen betrachtet. Damit bietet die „Ökosophie des Lebens" eine wichtige epistemologische Basis, um die Befreiung der Körper und der Territorien zusammenzudenken. Die Überwindung von Unterdrückung und Ausbeutung könne demnach nie gegen, sondern nur in den vielfältigen Verwobenheiten und Abhängigkeiten des menschlichen Lebens vollzogen werden und müsse damit den planetaren Körper bzw. die Schöpfung in seiner bzw. ihrer Gesamtheit umfassen. Allerdings betont Rojas Salazar, dass auch die „Ökosophie" nicht als neuer universalistischer Gegenentwurf zu verstehen sei. Vielmehr sei dieser, wie jedes Denken, kontextuell, unvollkommen und unabgeschlossen. Er stehe nicht über, sondern gleichberechtigt neben anderen Konzeptionalisierungen (ebd.).

Indem die Verortung und die gleichwertige Akzeptanz der vielfältigen epistemologischen Ansätze zugelassen wird, kann die „Ökosophie" somit möglicherweise auch einen Ansatzpunkt für einen Dialog zwischen eurozentrischer feministischer Theologie und den vielfältigen Interventionen dekolonialer und indigener Feminismen bieten. Ein solcher Prozess ist nicht konflikt- und widerspruchsfrei, da die Spannung zwischen der Anerkennung grundlegender Differenzen aufgrund spezifischer Unterdrückungserfahrungen sowie Positionen innerhalb eines strukturellen Machtgefüges und der Notwendigkeit der Bündnisbildung in gemeinsamen Anliegen diskursiv und in der politischen Praxis ausgehandelt werden muss. Innerhalb dieser Prozesse wird feministisch-theologisches Denken nicht nur herausgefordert, sondern zugleich auf ihren eigentlichen, ursprünglichen Ort verwiesen. Diese Orte sind an erster Stelle die politischen Kämpfe antirassistischer, dekolonialer, feministischer und LGBTIQ+-Bewegungen und nicht die akademischen Institutionen. Dies impliziert, den Dialog mit den anderen und ihre Anfragen ernst zu nehmen, den Akademismus hinter sich zu lassen und an die Orte zu gehen, an denen die konkreten Kämpfe um Veränderungen stattfinden, sowie uns in diesem Transformationsprozess von anderen Kosmovisionen und Rationalitäten inspirieren zu lassen. Ausgehend von diesen Orten, im gemeinsamen Ringen um und Suchen von Veränderungen trotz oder gerade wegen aller Widersprüchlichkeiten, die ihre Wirklichkeiten ausmachen, entstehen befreiende dekoloniale und transnationale solidarische feministische Bewegungen, an denen feministische Befreiungstheologie ebenso Anteil haben kann und sollte.

1   Vgl. dazu: CELAM. Die Evangelisierung Lateinamerikas in Gegenwart und Zukunft. Beschlüsse der III. Generalversammlung des Lateinamerikanischen Episkopats in Puebla 26.1.–13.2.1979. In: Sekretariat der Deutschen Bischofskonferenz (Hg.): Die Kirche Lateinamerikas. Dokumente der II. und III. Generalversammlung des Lateinamerikanischen Episkopats in Medellín und Puebla (Stimmen der Weltkirche 8), Bonn 1979, 135-355, hier 327ff.
2   Siehe u.a. das Netzwerk Red Latinoamericana de Mujeres Defensoras de Derechos Sociales y Ambientales: www.redlatinoamericanademujeres.org/recursos/pronunciamientos/10-pronunciamientos/37-pronunciamiento-por-el-8-de-marzo-resistir-desde-nuestros-cuerpos-territorios-al-extractivismo-minero-es-luchar-por-vidas-dignas-para-todas-las-mujeres, 25.5.2020; Siehe darüber hinaus: http://mujerescreandocomunidad.blogspot.com, 6.6.2020.

Literatur

Aquino, María Pilar (1996): Feminist theology, Latin America. In: Russel, Letty M./Clarkson, Shannon J. (Hg.): Dictionary of feminist theologies. Louisville, Kentucky: Westminster John Knox Press, 114-116.

Aquino, María Pilar (1997): Lateinamerikanische Feministische Theologie. In: Fornet-Betancourt, Raúl (Hg.): Befreiungstheologie: Kritischer Rückblick und Perspektiven für die Zukunft. Band 2: Kritische Auswertung und neue Herausforderung. Mainz: Matthias-Grünewald-Verlag, 291-323.

Bennholdt-Thomsen, Veronika/Mies, Maria (1997): Eine Kuh für Hillary. Die Subsistenzperspektive. München: Frauenoffensive.

Brand, Ulrich (2016): Neo-Extraktivismus. Aufstieg und Krise eines Entwicklungsmodells. In: Aus Politik und Zeitgeschichte 39, 21-27.

Cabnal, Lorena (2010): Acercamiento a la construcción de la propuesta de pensamiento epistémico de las mujeres indígenas feministas comunitarias de Abya Yala. In: ACSUR (Hg.): Feminismos diversos: El feminismo comunitario. Las Segovias: Editorial ACSUR, 11-25.

Cabnal, Lorena (2018): TZKÁT. Red de Sanadoras Ancestrales del Feminismo Comunitario desde Iximulew-Guatemala. In: Ecologia Politica 54, 98-102.

Chipana Quispe, Sofía (2020): Relationale Wissensbestände und Spiritualitäten in Abya Yala. In: Concilium. Internationale Zeitschrift für Theologie 20 (1), 43-52.

CIRDI (2017): The Rise in Conflict Associated with Mining Operations. What Lies Beneath? https://cirdi.ca/wp-content/uploads/2017/06/Conflict-Full-Layout-060817.pdf, 8.3.2021.

Duarte, Bastian/Ixkic, Ángela (2012): From the margins of Latin American Feminism: Indigenous and Lesbian Feminisms. In: Signs. Journal of Women in Culture and Society 38 (1), 153-178. https://doi.org/10.1086/665946

Dussel, Enrique (1988): Die Geschichte der Kirche in Lateinamerika. Mainz: Matthias-Grünewald-Verlag.

Ellacuría, Ignacio (1995): Utopie und Prophetie. In: Ellacuría, Ignacio/Sobrino, Jon (Hg.): Mysterium Liberationis. Grundbegriffe der Theologie der Befreiung. Band 1. Luzern: Edition Exodus, 383-431.

Espinosa Miñoso, Yuderkys (2017): De por qué es necesario un feminismo descolonial: diferenciación, dominación co-constitutiva de la modernidad occidental y el fin de la política de identidad. In: Solar 12 (1), 141-171.

Espinosa Miñoso, Yuderkys/Gómez Correal, Diana/Ochoa Muñoz, Karina (Hg., 2014): Tejiendo de otro modo: Feminismo, epistemología y apuestas descoloniales en Abya Yala. Popayan: Editorial Universidad del Cauca.

Estermann, Josef (2019): Befreiung oder Unterdrückung? Mission und Theologie in der wechselvollen Geschichte von Kolonialismus und Dekolonisation. Zurich: LIT.

Franziskus (2015): Laudato Si'. Über die Sorge für das gemeinsame Haus. Vatikan: Vatikanische Druckerei. www.vatican.va/content/dam/francesco/pdf/encyclicals/documents/papa-francesco_20150524_enciclica-laudato-si_ge.pdf, 20.3.2021.

Freitas, Maria Carmelita de (2003): Gênero/Teologia feminista: interpelações e perspectivas para a teologia – Relevância do tema. In: SOTER (Org.): Gênero e teologia. Interpelações e perspectivas. São Paulo: Edições Loyola, 13-33.

Gargallo Celentani, Francesca (2014): Feminismos desde Abya Yala. Ideas y proposiciones de las mujeres de 607 pueblos en nuestra América. Bogotá: Desde Abajo.

Gebara, Ivone (2019): Condimentos feministas a la teología. Montevideo: Doble Clic.

Graneß, Anke/Kopf, Martina/Kraus, Magdalena (2019): Feministische Theorie aus Afrika, Asien und Lateinamerika. Wien: facultas Verlag.

Gudynas, Eduardo (2014): Derechos de la naturaleza. Ética biocéntrica y políticas ambientales. Lima: Programa Democracia y Transformación Global/Red Peruana por una Globalización con Equidad/CooperAcción/Centro Latino Americano de Ecología Social.

Gutiérrez, Gustavo (1971): Teología de la Liberación. Salamanca: Sigueme.

Guzmán Arroyo, Adriana (2019): Descolonizar la Memoria, Descolonizar los Feminismos. La Paz: Tarpuna Muya.

Hernández, Rosalva Aída/Canessa, Andrew (Hg., 2012a): Género, complementariedades y exclusiones en Mesoamérica y los Andes. Lima: IWGIA.

Hernández, Rosalva Aída/Canessa, Andrew (2012b): Identidades indigenas y relaciones de género y la Región Andina. In: Dies. (Hg.): Género, complementariedades y exclusiones en Mesoamérica y los Andes. Lima: IWGIA, 10-42.

Hoetmer, Raphael (2013): Minería, movimientos sociales y las dispuestas del futuro: claves de lectura y pistas de reflexión-acción. In: Hoetmer, Raphael/Castro, Miguel/Daza, Mar/ De Echave C., José/Ruiz, Clara (Hg.): Minería y movimientos sociales en el Perú. Instrumentos y propuestas para la defensa de la vida, el agua y los territorios. Lima: CooperAcción/PDGT/AcSur Las Segovias/EntrePueblos, 265-282.

Isasi-Diaz, Ada María (1996): Experiences. In: Russel, Letty M./Clarkson, Shannon J. (Hg.): Dictionary of feminist theologies. Louisville, Kentucky: Westminster John Knox Press, 95-96.

Isasi-Diaz, Ada María (2000): Der Alltag, ein wesentliches Element der Realität. In: Fornet-Betancourt, Raúl (Hg.): Kapitalistische Globalisierung und Befreiung. Religiöse Erfahrung und Option für das Leben. [Denktraditionen im Dialog, Bd. 9] Frankfurt: IKO, 480-499.

Kern, Bruno (2013): Theologie der Befreiung. Tübingen: A. Francke.

Lander, Edgardo (Hg., 2000): La colonialidad del saber: eurocentrismo y ciencias sociales. Perspectivas latinoamericanas. Buenos Aires: CLACSO.

Lugones, María (2010): Toward a Decolonial Feminism. In: Hypatia, 25(4), 742-759. https://doi.org/10.1111/j.1527-2001.2010.01137.x

Maldonado-Torres, Nelson (2007): Sobre la colonialidad del ser: contribuciones al desarrollo de un concepto. In: Castro-Gómez, Santiago/Grosfoguel, Ramón (Hg.): El giro decolonial. Reflexiones para una diversidad epistémica más allá del capitalismo global. Bogotá: Iesco-Pensar-Siglo del Hombre Editores, 127-167.

Meyer-Wilmes, Hedwig (1996): Zwischen lila und lavendel: Schritte feministischer Theologie, Regensburg: Verlag Friedrich Pustet.

Mies, Maria/Shiva, Vandana (1993): Ecofeminism. London: Zed Books.

Mignolo, Walter (2009): Epistemic desobedience. Independent Thought and De-Colonial Freedom. In: Theory, Culture & Society 26 (7-8), 1-23.

OCMAL (2020): Conflictos Mineros en América Latina, Extracción, Saqueo y Agresión: la minería avanza junto als vírus. Estado de situación en 2020. www.ocmal.org/wp-content/uploads/2020/10/Conflictividad-minera-y-Covid-2020-1.pdf, 8.3.2021.

Paredes, Julieta (2014): Hilando Fino. Desde el feminismo comunitario. Mexico: El Rebozo/Zapateándole/Lente Flotante/En cortito que's palargo/AliFeM AC.

Quijano, Aníbal (2000): Colonialidad del poder, eurocentrismo y América Latina. In: Lander, Edgardo (Hg.): La colonialidad del saber: eurocentrismo y ciencias sociales. Perspectivas Latinoamericanas. Buenos Aires: CLACSO.

Ramírez, Martín/Schmalz, Stefan (Hg., 2019): Extraktivismus. Lateinamerika nach dem Ende des Rohstoffbooms. München: oekom.

Rivera Cusicanqui, Silvia (2015): Sociología de la imagen: miradas ch'ixi desde la historia andina. Buenos Aires: Tinta Limón.

Rivera Cusicanqui, Silvia (2018): Ch'ixinakax utxiwa. Eine Reflexion über Praktiken und Diskurse der Dekolonialisierung, Münster: Unrast.

Rojas Salazar, Marilú (2012): La „Ecosofía". Una propuesta Ecofeminista liberadora desde América Latina. www.donesesglesia.cat/documentos/ecosofia.pdf, 9.3.2021.

Rojas Salazar, Marilú (2017): Teología feminista decolonial en Abya Yala. [Vortrag auf dem XXXVII Congreso „Mujeres y Religión", Madrid 2017] http://www.redescristianas.net/teologia-feminista-decolonial-en-abya-yaladra-marilu-rojas-salazar, 6.6.2020.

Rosada Nunes, María José Fontelas (1996): Die Stimme der Frauen in der lateinamerikanischen Theologie. In: Concilium. Internationale Zeitschrift für Theologie 32 (1), 3-13.

Saranyana, Josep-Ignasi/Alejos Grau, Carmen José (2002): Teología en América Latina. Vol. III. El siglo de las teologías latinoamericanistas (1899–2001). Frankfurt am Main: Vervuert.

Schaumberger, Christine (1988): „Ich nehme mir meine Freiheit, damit ich nicht sterbe". Überlegungen zu einer feministischen Theologie der Befreiung im Kontext der „Ersten" Welt. In: Schaumberger, Christine/Maaßen, Monika (Hg.): Handbuch Feministische Theologie. Münster: Morgana, 332-361.

Schüssler-Fiorenza, Elisabeth (1987): Der endlose Tag. In: Concilium 23 (6), 435-439.

Shiva, Vandana (1989): Staying Alive – Women, Ecology and Survival in India. London: Zed Books.

Silva Santisteban, Rocío (2017): Mujeres y conflictos ecoterritoriales. Impactos, estrategias, resistencias. www.demus.org.pe/wp-content/uploads/2018/02/Mujeresyconflictos_Convenio.-2017.pdf, 8.3.2021.

Körperterritorien befreien.

Zaragocín, Sofia/Carreta, Martina Angela (2021): Cuerpo-Territorio: A Decolonial Feminist Geographical Method for the Study of Embodiment. In: Annals of the American Association of Geographers 111(5), 1503-1518. https://doi.org/10.108 0/24694452.2020.1812370

Zibechi, Raúl (2020): Akkumulation durch Raub und systemische Gewalt. In: Concilium. Internationale Zeitschrift für Theologie 56 (1), 4-14.

ABSTRACT *In Latin America, violence against women has increased significantly in recent years, as has the extractivist exploitation of nature. Recent social movements and theoretical approaches address both phenomena in their structural context and aim for a radical change of the underlying capitalist-colonial-patriarchal structure of society. Their claims for a real decolonisation, which is linked to indigenous cosmovisions and conceptions of society, represent challenges for a feminist liberation theology. In this sense, we explore how feminist liberation theology can be linked to recent approaches of decolonial and indigenous feminisms in order to participate in the construction of horizontal, reciprocal relationships between women, humans and non-human nature.*

Sandra Lassak
sandra.lassak@misereor.at

Magdalena Andrea Kraus
magdalena.kraus@univie.ac.at

Jonathan Scalet
jonathan.scalet@gmail.com

JOURNAL FÜR ENTWICKLUNGSPOLITIK XXXVII, 3-2021, S. 89–116

JAN NIKLAS COLLET
Die Vergeschichtlichung des Universalen. Reflexionen zu einem befreiungstheologischen Universalismus[1]

ABSTRACT *Um einige Charakteristika eines befreiungstheologischen Universalismus zu skizzieren, beziehe ich mich auf Ignacio Ellacurías Konzeption einer ,Kirche der Armen', von der her ich den neurechten Begriff des ,Ethnopluralismus' konfrontiere. Die Grundlinien eines befreiungstheologischen Universalismus werden hier indirekt, vermittels theologischer Reflexionen auf den Begriff ,Kirche', gewonnen. Der Begriff ,Ethnopluralismus' markiert die Rekonfiguration des biologistischen Rassismus durch die Neue Rechte und informiert rechte Agitationen in den globalen Kämpfen um Bewegungsfreiheit und ein gutes Leben für alle Menschen. Der Universalismus der Theologie der Befreiung stellt sich demgegenüber – gerade in der ihm eigenen Partikularisierung des christlichen Heilsuniversalismus – als anti-essenzialistischer Grenzbegriff solidarischer Hoffnung dar.*

KEYWORDS *Universalismus, Rassismus, Ethnopluralismus, Solidarität, Befreiungstheologie*

„Lo unico que quisiera [...] son dos cosas:
que pusieran ustedes sus ojos y su corazón en esos pueblos,
que están sufriendo tanto [...],
y después (ya que soy jesuita),
que ante ese pueblo así cruzificado hicieran el coloquio de san
Ignacio en la primera semana de los Ejercicios, preguntándose:
¿qué he hecho yo para cruzificarlo?,
¿qué hago para que lo descruzifiquen?,
¿qué debo hacer para que ese pueblo resucite?"
Ignacio Ellacuría

1. Einleitung

Das Verhältnis von Universalismus und Partikularismus ist der lateinamerikanischen Theologie der Befreiung bereits von ihren Anfängen her
ins Stammbuch geschrieben. Von Beginn an trat sie mit dem Anspruch auf,
sich – gerade angesichts ihrer Verstrickung in die Geschichte kolonialer
Herrschaft in Lateinamerika – von jedweder Form herrschaftslegitimie-
render Theologie kategorisch zu unterscheiden. Darum trat sie abstrakten
universalistischen Argumentationsfiguren entgegen, wie sie sich in etwas
anderem Zuschnitt auch in modernisierungstheoretischen Ansätzen in der
Entwicklungsforschung um die Mitte des 20. Jahrhunderts fanden (z.B.
bei Rostow 1991; zur kritischen Einordnung des modernisierungstheoretischen Programms vgl. Berger 1996). Nicht zufällig entstand sie vor diesem
Hintergrund im engen Dialog mit den Theorien der Dependenz, die die
globalen Ungleichheiten aus der Perspektive der sogenannten unterent-
wickelten Länder und der unterdrückten Klassen betrachteten: aus einer
interessierten, *partikularen* Perspektive also (vgl. Gutiérrez 1986 [1971]:
74f.). In gewissem Sinne kann die Befreiungstheologie daher insgesamt als
Versuch einer konsequenten Partikularisierung des christlichen Heilsuniversalismus – der Überzeugung, dass Gott alle Menschen liebt und ihnen
das Heil schenken möchte – verstanden werden.
    Bereits 1975 jedoch – also noch mitten in den Anfängen befreiungs-
theologischer Reflexion – sah sie sich ihrerseits mit der kritischen Rückfrage
konfrontiert, ob sie aufgrund ihrer häufig stark am lateinamerikanischen
Marxismus orientierten Analysemethoden nicht ihrerseits zu unzuläs-

sigen Universalisierungen tendiere. Während der Konferenz *Theology in the Americas*, die in jenem Jahr in Detroit stattfand, fragte z.B. James H. Cone, einer der bekanntesten Vertreter Schwarzer Theologie in den USA, den lateinamerikanischen Theologen Hugo Assmann: „Despite the stress on particularity, I ask, aren't you once more positing a universal category of oppression?" (in Torres/Eagleson 1976: 355) Die Diskussion um Universalismus und Partikularität in der Theologie der Befreiung ist also weder neu noch unbegründet. Wird die Befreiungstheologie ihrem Anspruch, eine herrschaftskritische Theologie zu sein, gerecht? Können Theologie und christliche Gruppen Bündnispartner_innen in der kritischen Praxis sein und, wenn ja, unter welchen Bedingungen? Eine kritische Klärung des Verhältnisses von Universalität und Partikularität in der Befreiungstheologie dürfte vor dem Hintergrund der auf dem Spiel stehenden Fragestellungen sowohl von theologischem als auch von entwicklungstheoretischem Interesse sein.

Für eine solche Klärung nimmt nun das komplexe Verhältnis von theologischen Vokabeln und ihrer geschichtlichen Konkretion eine zentrale Rolle ein. Um der Weise auf die Spur zu kommen, wie dieses Verhältnis in verschiedenen theologischen Denkformen je bestimmt ist, bietet sich daher die nähere Untersuchung bestimmter theologischer Vokabeln an. Kaum ein theologischer Begriff dürfte dazu besser geeignet sein als ‚Kirche', da ihm wie von selbst eine gewisse haptische Komponente eignet. Nicht umsonst setzt er rasch unterschiedliche Assoziationen frei: an ein Gebäude, Bücher, Gerüche und Klänge, Priester und Pfarrerinnen, an Bischöf_innen und Päpste usw. Daher dürfte sich für eine Reflexion über den Universalismus der Theologie der Befreiung deren Auseinandersetzung mit der ‚Kirche der Armen' besonders gut eignen.

Im Folgenden wird darum zunächst diese ekklesiologische[2] Grundkategorie der Befreiungstheologie vorgestellt. Dabei beziehe ich mich auf die entsprechenden Arbeiten Ignacio Ellacurías (1930–1989) (Kapitel 1). Die Grundlinien eines befreiungstheologischen Universalismus hoffe ich dabei indirekt verdeutlichen zu können, indem ich die ekklesiologischen Reflexionen Ellacurías – in einem zweiten Schritt – in der Auseinandersetzung mit dem neurechten Begriff des ‚Ethnopluralismus' konkretisiere. Hinter diesem Begriff verbirgt sich, wie im zweiten Abschnitt dargelegt wird, ein durch neurechte Vordenker_innen erneuerter Rassismus (Kapitel 2). Dieser

Weg der Konfrontation neurechter Universalismuskritik und befreiungstheologischer Reflexionen zu Universalismus und Partikularität bietet sich auch deshalb an, weil die skizzierte Frage nach dem Universalismus der Befreiungstheologie im deutschsprachigen Raum zuletzt unter der Zuspitzung diskutiert wurde, ob es strukturelle Ähnlichkeiten zwischen der Befreiungstheologie und rechten Diskursen gebe. Sowohl in befreiungstheologischen wie in neurechten Diskursen stoße man nämlich z.b. „auf die Berufung auf das ‚Volk‘" (Gruber et al. 2019: 11) als kollektives Subjekt. Gerade eine kritische Konfrontation beider Denkformen kann allerdings nicht nur die Unbegründetheit des genannten Verdachts zeigen, sondern auch die Gefahren, die mit einer grundlegenden Verabschiedung einer universalen Perspektive für befreiende Theologie und Theorie verbunden wären. Weiterführend ist daher m.E. nicht die Frage, ob an einer universalen Perspektive festgehalten werden soll. Vielmehr geht es um die Frage, um welchen Universalismus es sich handelt. In der Auseinandersetzung mit der für die Neue Rechte zentralen Konzeption des Ethnopluralismus meine ich, den befreiungstheologischen Universalismus in diesem Sinne abschließend näherhin als anti-essenzialistischen Grenzbegriff solidarischer Hoffnung charakterisieren zu können (Kapitel 3 und 4).

2. Die ‚Kirche der Armen‘ und die Vergeschichtlichung theologischer Begriffe

In einer Bestimmung der grundlegenden Frage hinsichtlich der ‚Kirche der Armen‘, die Ellacuría vorschlägt, wird schnell die enge Verknüpfung dieser Konzeption mit dem Universalismus der Theologie der Befreiung deutlich. In der Ekklesiologie, d.h. der theologischen Reflexion dessen, was Kirche ist oder sein soll, geht es nämlich nach Ellacuría um nicht weniger als die Frage, „was eine Kirche der Armen als Sakrament universaler Befreiung sein kann" (Ellacuría 2000g: 485, Übersetzung JC). Zugleich legt Ellacuría damit bereits eine Fährte, in welcher Richtung sich einer Antwort auf diese Frage annähern lässt. Wie das Zitat zeigt, vermittelt der Begriff des Sakraments zwischen den beiden anderen Termini des Ausdrucks, nämlich ‚Kirche‘ und ‚universale Befreiung‘. Dem Begriff des Sakraments, über den Ellacuría das Verhältnis von Universalität und Partikularität theologisch bearbeitet, kommt also für ihn hier eine grundlegende Bedeutung zu.

Die Aufnahme des Verständnisses der Kirche als Sakrament war dabei zunächst keinesfalls neu. Ellacuría konnte hier an Überlegungen seines Lehrers Karl Rahner (1904–1984) anschließen. In der Ekklesiologie unterschied dieser zwischen dem als Christus bezeugten Jesus von Nazareth als „Ursakrament", der Kirche als „Grundsakrament" und den verschiedenen rituellen Handlungen der Kirche (Taufe, Eucharistie, Eheschließung etc.) als Einzelsakramenten (vgl. Rahner 1967a: 339ff.). Zwischen ihnen besteht – in der genannten Reihenfolge – ein Begründungsverhältnis. Die Sakramentalität der Einzelsakramente gründet in der Sakramentalität der Kirche als Grundsakrament, die Sakramentalität der Kirche als Grundsakrament gründet in der Sakramentalität des Ursakramentes Christus. Jesus von Nazareth ist als der Christus das Ursakrament, weil in diesem konkreten Leben Gott nicht nur diesen oder jenen Satz, sondern sich selbst mitgeteilt hat: Jesus war ganz Mensch, und als dieser bestimmte Mensch war er ganz Gott. Die Kirche ist als Grundsakrament ihrerseits von diesem Ursakrament abgeleitet, sie ist die „geschichtliche Bleibendheit" (ebd.: 340, Übersetzung JC) Jesu nach seinem Tod und seiner (nur) im Glauben bezeugten Auferweckung.

Der entscheidende Schritt Ellacurías besteht nun darin, die Überlegungen Rahners aufzunehmen und zu ‚vergeschichtlichen', d.h. sie nicht mehr – wie Rahner noch – im Denken der Natur, sondern in einem Denken der Geschichte zu entfalten. Da es eine ungeschichtliche Natur des Menschen nämlich niemals gegeben hat, ist das Denken der Geschichte gegenüber jenem der Natur grundlegender (vgl. Ellacuría 2000c, Übersetzung JC). Anthropologisch gründet diese Position in der Einsicht, dass der Mensch zwar, biologisch betrachtet, ein Tier ist. Zu diesem Tier tritt die Dimension der Geschichtlichkeit aber nicht erst auf einer zweiten Ebene hinzu, sondern dem Tier namens Mensch ist diese Dimension immer schon innerlich: Es gibt für den Menschen keine Naturgeschichte ohne Sozialgeschichte (vgl. Ellacuría 2001; Ellacuría 2007: 49ff.).[3] Wenn „Theologie heute theologische Anthropologie" (Rahner 1967: 43) ist, dann bedeutet das also, dass sie sich im Horizont dessen vollziehen muss, was Geschichte genannt wird. Während Rahner seine Theologie also im Horizont des Schemas Natur–Übernatur entfaltete und so ‚Sakrament' gewissermaßen als Kommunikation zwischen den beiden Sphären auffasste, nimmt Ellacuría den Gedanken der Vermittlung durchaus auf, nicht ohne jedoch den Rahmen zu transformieren, in dem die Vermittlung überhaupt erst stattfindet. Theologisch zentral ist bei Ellacuría daher nun nicht mehr, wie eine wie auch immer vorgestellte ‚Übernatur' in die menschliche ‚Natur' hineinkommt, sondern wie sich „Heil in Geschichte" (vgl. Ellacuría 2000a) ereignet.

Diese Frage ist in der christlichen Theologie rückgebunden an die biblisch bezeugte Geschichte des Heils (Heilsgeschichte), d.h. die Geschichte JHWHs mit Israel und seine Menschwerdung in Jesus von Nazareth. Die christliche Theologie hat demnach zwei untrennbar miteinander verwobene Grundfragen: Was hat sich damals ereignet (Heilsgeschichte), und wo geschieht heute, was damals geschah (Heil in der Geschichte)? Als Sakrament im Sinne Ellacurías könnte man die gelungene Vermittlung dieser geschichtlichen Dialektik in einer Praxis verstehen, die sich als Praxis der Nachfolge Jesu gemäß der Erinnerung an die alt- wie neutestamentliche Heilsgeschichte entfaltet und das Erinnerte in ihrem jeweiligen historischen und gesellschaftlichen Kontext neu zu vergeschichtlichen anstrebt. Anders als in einem Denken der Natur, in dem es v.a. um das nachträgliche Verhältnis zweier primär allerdings voneinander getrennter Bereiche geht (wie kommt die übernatürliche Gnade in die menschliche Natur?), geht es bei Ellacuría also um die „geschichtliche Fortdauer" (Ellacuría 2000f: 152, Übersetzung JC) dessen, was heilsgeschichtlich als Heil in der Geschichte bezeugt wurde.

Eine bei Ellacuría hierfür zentrale interpretative Figur ist das „gekreuzigte Volk" (ebd.). Diese Rede vom gekreuzigten Volk hat zwei Pole: auf der einen Seite die Armut der Mehrheit der (nicht nur) lateinamerikanischen Bevölkerung; auf der anderen Seite die biblischen Gottesknechtslieder aus dem Jesajabuch (Jes 42,1-7; 49,1-13; 50,4-11; 52,13-53,12) und das Leiden und Sterben Jesu. Diese werden miteinander in eine hermeneutische Wechselbeziehung gesetzt, d.h. die Armut der Bevölkerungsmehrheiten wird im Licht der biblischen Schriften gelesen und umgekehrt. In diesem Zusammenhang spricht Ellacuría von der geschichtlichen Fortdauer der Kreuzigung Jesu, des Knechts Gottes, in den Armen. Es sind dabei v.a. zwei Merkmale, die die armen Bevölkerungsmehrheiten, die Ellacuría in El Salvador klar vor Augen hatte, mit dem biblischen Knecht JHWHs und dem gekreuzigten Messias Jesus teilen. Das gekreuzigte Volk ist „das Opfer der Sünde der Welt, und es ist dasjenige, das der Welt das Heil bringt" (ebd.: 169f., Übersetzung JC).

Der erste Punkt ist verhältnismäßig leicht einzusehen. Die Armen erleiden ihre Armut schuldlos. Ihre Situation lässt sich nicht aus ihrem Verhalten erklären, ist nicht als Reaktion auf irgendwelche ihrer Handlungen oder Verhaltensweisen erklärbar. Vielmehr ist sie die objektive Folge einer ungerechten gesellschaftlichen Struktur. Sie ist das Produkt einer strukturellen Sünde, der Sünde der Welt. Hier besteht eine Ähnlichkeit zum Gottesknecht JHWHs und zu Jesus, der ebenfalls nicht umgebracht wurde, weil ihm irgendeine Art von Verbrechen oder Verstoß tatsächlich hätte nachgewiesen werden können, sondern weil er durch seine Reich-Gottes-Praxis die Wahrheit der herrschenden Verhältnisse performativ ans Tageslicht zerrte und dadurch radikal entlarvte. Um der herrschenden Verhältnisse willen musste er sterben (vgl. Ellacuría 2000e).

Der zweite Punkt, wonach die Armen der Welt das Heil bringen, bereitet hingegen Schwierigkeiten. Hier zeigt sich die Fallhöhe, in welcher sich der grundlegende christliche Glaubensartikel, wonach im Kreuz Heil sei, stets befindet. Damit die geschichtliche Fortdauer der Kreuzigung Jesu im gekreuzigten Volk mehr sei als der „Seufzer der bedrängten Kreatur" (Marx 1967: 378), muss dieser Punkt geklärt werden: Wie gerade dort, wo die größte Ungerechtigkeit erlitten wird, das Heil sein solle; wie und warum sich nur dort das Prinzip finde, durch das allein die erlittene Ungerechtigkeit überwunden werden kann.

Der Grund dafür liegt im spezifischen Verhältnis zur politischen Macht. Hier bewegt sich die Konzeption des gekreuzigten Volkes in der Spannung zwischen zwei realen Versuchungen. Es könnte einerseits im Sinne einer passiven Mutlosigkeit der Unterwerfung missdeutet werden, in einer äußerst zweifelhaften Leidensmystik, die zu Recht dem Verdikt insbesondere Marx'scher Religionskritik anheimfallen würde. Im berechtigten Anliegen, dieser Versuchung nicht zu verfallen, könnte es aber andererseits auch dazu verleiten, selbst zu den Mitteln und Wegen der Herrschaft greifen zu wollen. In dieser Spannung hat sich, wie Ellacuría in seinen Schriften zum geschichtlichen Jesus herausgearbeitet, auch Jesus bewegt. Insbesondere der zweiten Versuchung – die erste scheint ihn weniger irritiert zu haben – ist Jesus demnach keineswegs ausgewichen, sondern er hat sie vom Beginn seines öffentlichen Auftretens (vgl. Lk 4,1-13; Mt 4,1-11; Mk 1,12-13) bis zu seiner Verhaftung – Jesus und die Jünger scheinen bewaffnet gewesen zu sein und Jesus scheint die Möglichkeit eines Aufstandes durchaus in

Betracht gezogen zu haben (Mt 26,36-54) – innerlich ausgefochten (vgl. Ellacuría 2000d: 42ff.). Er hat schließlich einen anderen Weg gewählt. Auf paradoxe Weise hat er gerade durch diese grundlegende Entscheidung, dass es im Zweifel besser ist, lebensbejahend zu sterben als todbringend zu leben, die zeitgenössischen Ideologien des Römischen Reiches und des religiösen Nationalismus der damaligen jüdischen Tempelaristokratie in ihrer ganzen abgründigen Lebensfeindlichkeit entlarvt. Und eben dies gilt – in analoger Weise – auch für das gekreuzigte Volk.

Selbstverständlich handelt es sich hierbei um einen stets angefochtenen Gedanken, der sich den beiden genannten Versuchungen niemals entziehen kann. „[D]enn das Reich Gottes impliziert die Realisierung einer politischen Ordnung, in der die Menschen im Bund miteinander leben" (Ellacuría 2000f: 168, Übersetzung JC). Hier gilt daher das Gleiche, was Ellacuría hinsichtlich des Autors des vierten Gottesknechtsliedes formuliert: „Nur in einem schwierigen Akt des Glaubens vermag [dieser, JC] […] zu entdecken, was den historischen Tatsachen vollkommen zu widersprechen scheint" (ebd.: 162, Übersetzung JC).

In der Ekklesiologie führt diese soteriologische Konzeption zur Einführung einer folgenreichen Differenz. Wie bereits erwähnt, folgt Ellacuría den oben beschriebenen sakramententheologischen und ekklesiologischen Unterscheidungen Rahners und entsprechend auch seiner Bestimmung der Kirche als geschichtliche Bleibendheit Jesu. Diese buchstabiert er aber, wie skizziert, unter dem Paradigma des gekreuzigten Volkes durch: Kirche als Grundsakrament ist die Kirche des gekreuzigten Volkes (vgl. Cardenal 2015).

Es bedarf keiner historischen oder soziologischen Spitzfindigkeit, um zu erkennen, dass die real existierende Kirche diesem Ideal in Geschichte und Gegenwart häufig genug nicht entsprochen hat und entspricht. Zwischen der Kirche Jesu, die die Kirche der Armen und des gekreuzigten Volkes ist, und der institutionellen Kirche besteht daher eine fundamentale Differenz: Diese hat sich von jener her zu verstehen und zu gestalten, nicht umgekehrt. Ihr Kirchesein – ihre Sakramentalität – steht und fällt mit ihrem Verhältnis zum gekreuzigten Volk. Das impliziert als grundlegendes Moment in der Ekklesiologie ein Moment der Umkehr (gr. *metanoia*), das Ellacuría z.B. in dem diesem Artikel vorangestellten Zitat zum Ausdruck bringt.

JAN NIKLAS COLLET

Dieses Zitat entstammt einem Vortrag mit dem Titel „Die lateiname-rikanischen Kirchen fordern die spanische Kirche heraus", den Ellacuría 1982 in Spanien gehalten hat. Zu Beginn des Vortrags betont Ellacuría zunächst, dass der (offenbar nicht von ihm selbst gewählte) Titel irrefüh-rend sein könne, denn keinesfalls seien die lateinamerikanischen Kirchen insgesamt in der Position, die spanische Kirche herauszufordern. Dennoch gebe es in ihnen „wichtige Teile [...], die sich zu einer heiligen Kirche gewandelt haben, die das Volk in seiner Verfolgung und seinem Kampf begleitet und die auch ihrerseits das Martyrium mit diesem Volk" geteilt hat (Ellacuría 2000h: 590, Übersetzung JC). Über eben diesen bestimmten Teil der lateinamerikanischen Kirchen stellt Ellacuría einige Reflexionen an, um abschließend das Wort wieder an seine spanischen Hörer_innen zu richten.

„Das einzige, was ich mir wünsche, [...] sind zwei Dinge: dass Sie Ihre Augen und Herzen auf diese Völker richten, die so vieles erleiden [...], und dann (da ich nun einmal Jesuit bin), dass Sie angesichts dieses gekreuzigten Volkes die Übung des Heiligen Ignatius aus der ersten Woche der Exerzitien vornehmen und sich fragen: Was habe ich getan, um es zu kreuzigen? Was tue ich, um es vom Kreuz herabzuholen? Was muss ich tun, damit dieses Volk aufersteht?"[4] (ebd.: 602, Übersetzung JC).

Dieses Moment der Umkehr ist das zentrale ekklesiologische Zeichen einer Kirche der Armen. Die Differenz, die Ellacuría damit als grund-legendes, identitätsstiftendes Moment in den Begriff der Kirche einfügt, ist dabei nicht völlig unbestimmt und daher auch nicht so leicht mani-pulierbar. Zwar ist das gekreuzigte Volk, auf das sich das Moment der Umkehr richtet, aufgrund der Kontingenz der gesellschaftlichen Verhält-nisse und der verschiedenen Spaltungen in der geschichtlichen Realität „von einer gewissen Unbestimmtheit" (Ellacuría 2000f: 168, Übersetzung JC); es lässt sich nicht aus einem zeitlosen ungeschichtlichen Vakuum heraus identifizieren. Dennoch ist es

„hinreichend bestimmt, um nicht mit etwas verwechselt zu werden, was die historische Rolle des Gottesknechts nicht ausfüllen kann. [...] die sich in den Dienst der Unterdrückung stellen, sind es nicht, soviel sie auch in diesem Dienst zu leiden haben mögen, dagegen die, die für die Gerechtigkeit und Befreiung kämpfen" (ebd.: Übersetzung JC).

Wer dies je konkret ist und was es für eine umkehrende Kirche impliziert, ist folglich eine offene geschichtliche Fragestellung, auf die allein auf dem Weg der Konkretion und nicht auf dem der Abstraktion zu antworten ist. Das Moment der Vergeschichtlichung ist dem Begriff der Kirche der Armen also weder äußerlich noch ihm gegenüber nachträglich. Vielmehr ist es dessen integraler Bestandteil, ja geradezu sein Konstitutivum schlechthin. Es lässt sich daher zwar ein begrifflicher Rahmen für die Frage entwickeln, was eine Kirche der Armen als „Sakrament universaler Befreiung" (Ellacuría 2000g: 485, Übersetzung JC) sein kann. Soll dieser begriffliche Rahmen allerdings nicht leer und damit selbstwidersprüchlich sein, reicht es nicht aus, ihn lediglich konzeptionell zu konstatieren. Von seiner eigenen konzeptionellen Anlage her muss er vielmehr auch dem konkreten Streit um den Universalismus ausgesetzt werden. Denn wie das Moment der Umkehr zeigt, befindet sich ‚Kirche' als umstrittener Gegenstand und streitende Akteurin mitten in diesem Streit. Nicht per se ist sie ‚Kirche der Armen', sondern allein unter der Voraussetzung ihrer eigenen Umkehr zu den Entrechteten kann sie dies werden.

3. Im Kampf um den Universalismus: Der ‚Ethnopluralismus' der ‚Neuen Rechten'

Dies soll nachfolgend durch eine Auseinandersetzung mit dem Begriff des sogenannten ‚Ethnopluralismus' konkretisiert werden. Wie im Folgenden zu zeigen sein wird, markiert der Begriff die Rekonfiguration des biologistischen Rassismus durch neurechte Vordenker_innen. Zugleich informiert er rechte Agitationen in den globalen Kämpfen etwa um Bewegungsfreiheit, indem er etwa eine argumentative Grundlage für Forderungen nach ‚Remigration' genannten, großangelegten Deportationspolitiken darstellt. Insofern bewegt sich die hier angestrebte Auseinandersetzung mit dem Begriff des Ethnopluralismus einerseits auf einer Ebene theoretischer Praxis, wobei diese begrifflich-konzeptionelle Ausei-

JAN NIKLAS COLLET

nandersetzung andererseits zugleich in die politische Praxis verstrickt ist
– eine Verstrickung, die sich nicht lösen lässt, da jede Positionsbestim-
mung hochgradig wertbesetzt sein wird. Fragen nach der Verstrickung
von Konzepten in Politiken müssen daher Teil der reflexiven begrifflichen
Auseinandersetzung sein, wenn sie ihren Gegenstand nicht verfehlen soll.
Für die Auseinandersetzung mit dem Universalismus der Theologie
der Befreiung ist diese ‚Konzeption‘ geeignet und (umgekehrt) ihre befreiungstheologische Konfrontation notwendig, weil sie erstens unter der
Fassade einer vorgeblichen Differenzsensibilität mit einer kategorischen
Absage an jeglichen Universalismus einhergeht. Auch mit Hilfe solcher
strategischen Umstellungen sind rechte Bewegungen und Parteien in
den zurückliegenden Jahren weltweit zu weitreichender politischer Wirk-
mächtigkeit gekommen. Zweitens ist der Begriff zuerst ausgerechnet im
Rahmen einer Kritik der Entwicklungshilfe von rechts aufgekommen –
wer, wenn nicht die u.a. im Dialog mit dependenztheoretischen Ansätzen
entstandene Befreiungstheologie sollte kompetent sein, ihm theologisch
zu widerstreiten? Hier stelle ich die Konzeption des Ethnopluralismus
zunächst ihrem Gehalt nach vor. Eine Einordnung des Konzepts in die
programmatische und strategische Aufstellung der Neuen Rechten erfolgt
im nächsten Kapitel.

3.1 Ethnopluralismus: Genese und Gehalt eines ‚neurechten‘ Konzepts

Der Begriff des ‚Ethnopluralismus‘ findet sich ausgeführt bereits in
einem frühen Artikel des Kultursoziologen Henning Eichberg (1942–2017),
der einer der ersten einflussreichen Vordenker_innen der Neuen Rechten
in Deutschland war. In Eichbergs Artikel „Entwicklungshilfe: Verhalten-
sumformung nach europäischem Modell?" aus dem Jahr 1973 (Eichberg
1978: 39-86) kommt der Begriff des Ethnopluralismus erstmalig vor (vgl.
Wagner 2017: 76). Der Artikel ist aber nicht vor allem wegen dieser Erst-
maligkeit interessant, sondern wegen seiner Bemühung um eine konzepti-
onelle Grundlegung des Ethnopluralismus. Diese Grundlegung näher in
Augenschein zu nehmen, hilft bei der Wahrnehmung, dass und v.a. wie
„sich die Gestalt der Rechten in Deutschland (und Europa) mit der Zeit
gewandelt haben mag, sie in ihren Kernelementen aber unverändert bleibt"
(Weiß 2017: 13).

Doch zunächst zu Eichbergs Artikel. Darin kritisiert er einen ‚Ethno-zentrismus', der dem europäischen Zugang zu ‚Entwicklung' zugrunde liege. So heißt es bei Eichberg:

„Das Entwicklungshilfe-Denken als Grundlage der gegenwärtigen Entwick-lungspolitik geht aus vom Muster des gegenwärtigen okzidentalen Lebens, sei es von seinen materiellen Errungenschaften oder von seinen soziokulturellen Werten. Sind diese in einer außereuropäischen Kultur abwesend, so erscheint diese als ‚arm', ‚unterentwickelt' und daher ‚krank' und ‚leidend', als ‚unpro-duktiv' und ‚lethargisch'" (Eichberg 1978: 40).

Dies rühre von zwei miteinander verwobenen Annahmen her, die gewissermaßen die strukturelle Matrix des westlichen Entwicklungspara-digmas bildeten: Universalismus und Dualismus.

Als Beleg für den Dualismus zieht Eichberg den Begriff der „Dritten Welt" heran, der die nicht-europäische „Kulturenvielfalt" (ebd.: 40) unter einem einheitlichen Begriff zusammenfasse und damit ihre Diversität zum Verschwinden bringe. Dies geschehe dadurch, dass sie sozusagen durch die Linse einer europäischen Kamera und daher nicht als sie selbst, sondern als Gegenüber zu Europa betrachtet würden.⁵

Der Universalismus wiederum zeige sich im Begriff der „Einen Welt", die „nicht nur die Welt [sei], in der alles zusammenhängt, sondern zugleich die Welt, in der überall dieselben Normen zu gelten haben (peace, liberty, and justice for all, democracy…)" (ebd.: 42). Von daher werde der Dualismus des Entwicklungsdenkens im Universalismus nicht aufgehoben, sondern „bestätigt" (ebd.: 42). Der von ihm diagnostizierte ‚ethnozentri-sche Universalismus' fungiert für Eichberg also sozusagen als das episemi-sche Vorurteil, das dem Dualismus zugrunde liege und die Unterschiede zwischen den verschiedenen Gesellschaften und Kulturen der Notwen-digkeit stetiger Umformung hin zum europäischen Ideal unterwerfe.

Dies betreffe nicht nur die sozioökonomische Strukturierung der jeweiligen Gesellschaften („Entwicklung als Transfer von Gesellschafts-strukturen", ebd.: 44-46), sondern auch die kulturelle Ebene („Entwick-lung als ‚gelenkter Kulturwandel'", ebd.: 46-49) sowie die Ebene der Verhal-tensgrundlagen („Entwicklung als Manipulation der Verhaltensnormen",

JAN NIKLAS COLLET

ebd.: 49-53). Diese letzte Ebene der Verhaltensstruktur – damit meint Eichberg „die Art der Wahrnehmung von Raum, Zeit, Kräften, Form und Materie, die Struktur der Sprache, der Logik, des Ordnungsdenkens" (ebd.: 50) – ist dabei für ihn die grundlegende. Wenngleich seine Kritik des „ethnozentrische[n] Entwicklungsdenken[s]" (ebd.: 40) also vordergründig etwa an dependenztheoretische oder andere egalitär ausgerichtete Kritiken des Modells nachholender Entwicklung z.B. in modernisierungstheoretischen Ansätze erinnern mag, wird hier deutlich, dass die von ihm angestrebte „ethnopluralistische [...] Neudefinition von ‚Entwicklung'" (ebd.: 70) mit diesen Ansätzen konzeptuell nichts gemein hat.

Was nämlich die Ebene der Verhaltensgrundlagen angeht, so vertritt Eichberg einen „Kulturrelativismus" (ebd.: 34), der so radikal ist, dass man ihn als Kulturdeterminismus bezeichnen muss. Da sämtliche Verhaltenskategorien (Raum, Zeit, Ordnungsdenken etc.) sprachlich vermittelt seien, nimmt die „Kulturrelativität der Sprachstruktur" (ebd.: 60) in seinem Konzept eine Schlüsselstelle ein. Dabei bezieht er sich auf den US-amerikanischen Linguisten Benjamin Lee Whorf (1897–1941) und die maßgeblich durch ihn und seinen Lehrer Edward Sapir (1884–1939) formulierte Sapir-Whorf-Hypothese (vgl. Fries 2016). Dieser Hypothese zufolge „eröffnet jede Sprache eine bestimmte Weltsicht, die das Denken von Sprecher_innen dieser Sprache beeinflusst (‚sprachlicher Relativismus') oder gar determiniert (‚sprachlicher Determinismus')" (Dirim/Mecheril 2017: 457). Eichberg vertritt die starke, d.h. deterministische Lesart dieser auch schwach, d.h. relativistisch lesbaren Hypothese. In Verbindung mit der Auffassung, dass alle Verhaltenskategorien sprachlich vermittelt seien, folgt aus diesem Sprachdeterminismus konsequenterweise die kulturalistische Verdinglichung und Ethnisierung der Einzelsprachen und damit der Sprache überhaupt. Sprache ist demnach an feststehende und abgrenzbare kulturelle ‚Räume' gebunden. Die Einzelsprachen werden als Behälter imaginiert, in denen die jeweilige vollständig kulturdeterminierte Sprachstruktur aufbewahrt ist (vgl. ebd.: 454ff.). Aus diesem sprachlichen Kulturdeterminismus folgt im (vor-)letzten Schritt die Annahme einer prinzipiellen Unübersetzbarkeit in der interkulturellen Begegnung: „Nein, die strukturelle Kluft zwischen den Kulturen ist nicht zu überspringen. Jeder Versuch ist vom Eigenen – und damit von der Aneignung bestimmt. Jeder

Schritt, der das vergißt, hat bereits einen Schritt zu Mißachtung und Unterwerfung des Fremden getan" (Eichberg 1978: 64). Diesem höchstens vordergründigen ‚Lob der Vielfalt‘, das sich nicht nur bei Eichberg, sondern bis heute allerorts in Texten der Neuen Rechten findet, liegt aber eben die beschriebene Essenzialisierung von Sprache, Kultur und ‚Raum‘ zugrunde. Von daher ist Eichbergs Fassung einer ethnopluralistischen – wie er schreibt – ‚Entwicklungshilfe‘ in sich widersprüchlich. Eine solche ziele, so Eichberg, nicht primär darauf,

> „die okzidentalen Werte, Verhaltensmuster, Vorurteile, Utopien etc. zu propagieren oder zu oktroyieren, sondern die Verhaltensmuster der fremden Kulturen in ihrem Wandel zu registrieren, zu vergleichen und damit am Entwurf einer ethnopluralistischen Neudefinition von ‚Entwicklung‘ mitzuwirken." (ebd.: 71)

Nach seinem eigenen Modell ist das aber von vornherein unmöglich, da die Kulturen wie in sich geschlossene Container und daher als vollständig inkommensurabel aufgefasst werden – eine Begegnung verschiedener Kulturen ist daher ein Ding der Unmöglichkeit bzw. kann nur zu unlösbaren Konflikten darum führen, wer wen unterwirft. Heutige Autor_innen der ‚Neuen Rechten‘ sind diesbezüglich konsequenter als Eichberg, der sich später von seiner ‚neurechten‘ Vergangenheit distanzierte (vgl. Wagner 2017: 45). So schreibt etwa Martin Lichtmesz (*Semlitsch) in einem Artikel, in dem er sich explizit mit Eichberg auseinandersetzt, der Ethnopluralismus habe

> „eine defensive Kehrseite: Wenn alle Kulturen und Völker zwar verschieden, aber gleichwertig sind, dann haben selbstverständlich auch die europäischen Völker das Recht, ihre Eigenart zu bewahren und Eingriffe in ihr Dasein abzuwehren" (Lichtmesz 2018: 8).

Wie sich im Rahmen der programmatischen und strategischen Einordnung des Ethnopluralismus noch deutlicher zeigen wird, ist es ohne Frage euphemistisch, hier von einer „defensiven Kehrseite" zu sprechen – richtig ist, dass es sich um eine rassistische, aggressive, gewaltförmige Konzeption handelt.

JAN NIKLAS COLLET

4. Der Ethnopluralismus und der Universalismus der Theologie der Befreiung

Ich unternehme nun den Versuch, ausgehend von der Konzeption einer Kirche der Armen, im konkreten Streit um den Universalismus einige Merkmale eines befreiungstheologischen Universalismus zu skizzieren. Dazu ist die Auseinandersetzung mit dem Ethnopluralismus m.E. aus zwei Gründen geeignet. Erstens ist er inhaltlich eine grundlegende Bestreitung jedweden Universalismus. Zweitens spielt – wie im Folgenden noch zu zeigen sein wird – u.a. der Begriff des Ethnopluralismus eine besondere Rolle für die weitreichenden politischen Geländegewinne, die die Neue Rechte seit einiger Zeit weltweit verzeichnen kann. Bei den folgenden Überlegungen, welchen Universalismus die Theologie der Befreiung dem entgegensetzt, müssen beide Momente berücksichtigt werden.

4.1 Metanoia: Umkämpfter Universalismus

Die neurechte Bestreitung des Universalismus ist ein strukturell gewaltförmiges Unterfangen. Gerade in der Auseinandersetzung mit dem Ethnopluralismus, nicht zuletzt in seiner hier nicht weiter auszuführenden legitimatorischen Funktion etwa für Forderungen nach groß-angelegten Abschiebeprogrammen, wird dies deutlich. Auch ist es kein Zufall, dass sich unter den Anhänger_innen und Verfechter_innen des Ethnopluralismus (um nur ein Beispiel zu nennen) auch der Attentäter von Christchurch befindet (vgl. Laschyk 2019). Letztlich handelt es sich bei der Bestreitung des Universalismus durch die Konzeption des Ethno-pluralismus also eher um einen Kampf gegen den Universalismus als um eine ‚Kritik‘, die ja auch auf Klärungen und Stärkung ausgerichtet sein könnte. Das gehört in den bestimmten Hintergrund hinein, wenn ich im Folgenden von ‚umkämpftem Universalismus‘ spreche.

Dennoch dürfte eine solche Redeweise ihrerseits auf grundsätzliche Vorbehalte gegenüber dem Wortfeld des Kampfes treffen. Eine ‚Rhetorik des Kampfes‘, so wird z.B. argumentiert, führe ihrerseits immer zur Gewalt. Diese Argumentation, die im öffentlichen Diskurs beispielsweise häufig dann an soziale Bewegungen herangetragen wird, wenn sie zu Mitteln des Zivilen Ungehorsams oder der Direkten Aktion greifen oder Repressionen skandalisieren, trifft m.E. insofern einen wichtigen Punkt, als gerade kritische und emanzipatorische Theorien ihre Sprache beständig zu prüfen und stets vorsichtig mit ihr umzugehen haben. Allerdings sollte eine vorsichtige Haltung gegenüber dem Wortfeld des Kampfes nicht dazu führen, die stattfindende Gewalt aus der Theorie zu verbannen. Während Theoretiker_innen und Funktionär_innen Debatten über das Wortfeld des Kampfes führen können, führen andere ihr Leben längst als einen Kampf um Leben und Tod.

Um den strukturell gewalttätigen Charakter des Ethnopluralismus zu erfassen, ist es hilfreich, seine Genese nachzuvollziehen. Dazu soll das Konzept des Ethnopluralismus zunächst im Rahmen des Versuchs der organisatorischen und intellektuellen Neuaufstellung der politischen Rechten nach dem Zweiten Weltkrieg verortet werden. Die Rechte war – unbeschadet des Fortlebens der Bedingungen des Faschismus in der Demokratie (vgl. Adorno 1977) – nach der Erfahrung des Nationalsozialismus politisch und intellektuell diskreditiert. Einer der wichtigsten Vordenker der Neuen Rechten, Alain de Benoist, diagnostizierte darüber hinaus aber auch, im Unterschied zur politischen Linken der Nachkriegszeit, eine „intellektuelle Faulheit der alten Rechten" (de Benoist 2017: 42f.). Beides – die historische Situation im (bei Benoist) Frankreich bzw. (allgemein) Europa der Nachkriegszeit und die Theorieschwäche der alten Rechten – bringt er in einen Zusammenhang. Die alte Rechte „glaubt, daß wir schwach geworden sind, weil wir ‚unterwandert' worden sind. Dabei hat sich gerade das Gegenteil ereignet: Wir sind ‚unterwandert' worden, weil wir schwach geworden sind" (ebd.: 46). Einen Ausweg für die Rechte sah Benoist entsprechend nur in einer Erneuerung rechter Theorie, wobei er (in eklektizistischer Manier) an Gedanken des italienischen Marxisten Antonio Gramsci anknüpfte.

> „Die französische Rechte [...] hat die Bedeutung von Gramsci nicht erkannt. Sie hat nicht gesehen, wodurch die kulturelle Macht den Staatsapparat bedroht; wie diese ‚kulturelle Macht' auf die impliziten Werte einwirkt, um die herum sich der für die Dauer der politischen Macht unverzichtbare Konsens kristallisiert. Sie ist sich nicht darüber im Klaren, daß der politische Frontalangriff die Früchte des ideologischen Stellungskrieges erntet" (ebd.: 38).

Der Begriff des Ethnopluralismus hat für diese Neuaufstellung der Rechten früh eine Schlüsselstellung eingenommen. Hans Schelkshorn hat aufgezeigt, wie der Ethnopluralismus einen Wandel bei Benoît selbst markiert. Der habe noch in den frühen 1960er Jahren „racism and the superiority of the white race" gerechtfertigt (Schelkshorn 2018: 127), sich dann jedoch vom „racist dogma of ‚old' fascism" (ebd.) distanziert – und es durch den Ethnopluralismus ersetzt. Wie bereits ausgeführt, zeigt ein näherer Blick auf diese Konzeption allerdings deutlich, dass dabei „[d]as Beharren auf die unlösbaren Bindungen des Einzelnen an seine Ethnie und die daraus naturhaft resultierende Kulturform sowie auf die damit verknüpfte Gesetzmäßigkeit gesellschaftlicher Ungleichheit [...] unbeeinträchtigt" (Weiß 2017: 13) bleibt. Die verbale Abkehr vom Biologismus ist der Sache nach also völlig irrelevant, weil ja auch der biologistische Rassismus auf der Konstruktion rassiologisch klassifizierter Menschengruppen basierte und in keiner Weise auf deren angeblicher objektiven Gegebenheit (vgl. Qujano 1992).

Die Bedeutung der Neukodierung des Rassismus als Ethnopluralismus liegt denn auch auf einer anderen Ebene, nämlich derjenigen der strategisch angezielten Verschiebung des Diskurses. Diese scheint Akteur_innen der sogenannten ‚Neuen Rechten' zunehmend zu gelingen (vgl. Heitmeyer 2018: 270ff.). Diese Verschiebung folgt einer seit Langem verfolgten Strategie der Rechten. So hat der Historiker Volker Weiß diesbezüglich etwa die Rolle von Armin Mohler herausgearbeitet. Mohler versuchte bereits in seiner Promotionsschrift mit dem Titel *Die konservative Revolution* von 1949,

> „aus den unterschiedlichen Autoren des deutschen Radikalnationalismus eine eigenständige Denkschule zu konstruieren, die er vom ‚Dritten Reich' geschieden wissen wollte. [...] [Dazu fasste er, JC] einerseits höchst heterogene Phänomene auf Seiten der Rechten zusammen, um sie andererseits mit dem gemeinsamen Merkmal zu versehen, nichts mit dem Nationalsozialismus zu tun zu haben" (Weiß 2017: 44f.; zu Mohler insgesamt vgl. ebd.: 39ff.; Funke 2019).

Zentrale Elemente dieser Strategie der rechten Normalisierung lassen sich z.B. in einem Text des österreichischen Neofaschisten Martin Sellner nachlesen. Hinsichtlich der Neukodierung und Chiffrierung klassischer faschistischer und rassistischer Konzepte ist dabei insbesondere ein Moment interessant. Sellner schreibt, die Akteur_innen der Neuen Rechten sollten in der politischen Kommunikation „direkt an der unbewußt identitären Grundhaltung der gesellschaftlichen Mitte andocken und sie über ein langsam wachsendes Kontinuum mit einem breiten Angebot an Information, Aktion und Partizipation auf eine [sic] bewusstes Niveau anheben" (Sellner 2019).

Das Konzept des Ethnopluralismus nimmt in dieser Strategie eine Schlüsselrolle ein. Denn es erlaubt, den Rassismus unter dem Wechsel der Gewänder in der Mitte der Gesellschaft nicht zu erschaffen, sondern zu heben, freizulegen, zu organisieren und aus ihm eine politische Kraft zu formen. Der Erfolg der ‚Neuen Rechten' ist also nicht einfach das ‚Andere' der bürgerlichen Gesellschaft, sondern die Akteur_innen der ‚Neuen Rechten' agieren und mobilisieren *in* ihr; sie begeben sich mitten hinein in jene Konflikte, die die bürgerliche Gesellschaft auch ohne sie durchdringen.

Die dekoloniale Theorie hat die lange Geschichte dieser Widersprüche seit der Konstituierung des globalen Kapitalismus im Zuge des europäischen Kolonialismus hervorgehoben. Die Rassifizierung der Arbeitsteilung im Kapitalismus respektive der Etablierung einer modernen/kolonialen Ordnung des Wissens und einer modernen/kolonialen Geschlechterordnung, die den Erfordernissen dieses globalen Kapitalismus entspricht, lassen sich als bis heute strukturell und epistemisch wirkmächtig ausweisen (vgl. Qujiano 2000; Lugones 2008). Zwar vertritt heute kaum jemand mehr einen biologistischen Rassismus; dieser ist heutzutage diskreditiert. Allerdings knüpft die Neukodierung des Rassismus als Ethnopluralismus an die Kontinuitäten und Diskontinuitäten des Kolonialrassismus an, der weder an den ehemaligen kolonialisierten Gesellschaften noch an denen der europäischen Kolonialmächte spurlos vorübergegangen ist. Der Begriff des Ethnopluralismus muss in diesem Sinne verstanden werden: als ein strategisches Mittel der Neuen Rechten im Kampf um den Universalismus, der – was entgegen allen Beteuerungen der Verfechter_innen des Ethnopluralismus unbedingt festzuhalten ist – mit der langen Geschichte und der Kontinuität des Eurozentrismus gerade nicht bricht, sondern im Gegenteil an ihn anknüpft.

Vor diesem Hintergrund muss die Bezeichnung eines befreiungstheologischen Universalismus als ‚umkämpft' verstanden werden. Das Moment der ‚Umkehr', das als Kennzeichen der Kirche der Armen bzw. der Theologie der Befreiung insgesamt herausgearbeitet wurde, ist daher auch ein erstes theologisches Moment eines befreiungstheologischen Universalismus. Dieses metanoische Moment unter der von Ellacuría aufgeworfenen Frage *¿qué he hecho yo para cruzificarlo?* – was habe ich getan, um das gekreuzigte Volk zu kreuzigen? – zu problematisieren, verweist dabei darauf, dass der ,Kampf um den Universalismus' dem bzw. der Theologietreibenden nicht äußerlich ist. Nolens volens steht er_sie mitten in ihm und daher vor der Notwendigkeit, Verantwortung für das eigene Schreiben zu übernehmen. Ich bezeichne den Universalismus nicht aufgrund irgendeiner Art von Lust an der Gewalt als umkämpft, sondern wegen der befreiungstheologischen Intervention, sich die in der Tat verstörende Realität des gekreuzigten Volkes nicht vom Leib zu halten.

4.2 Affirmation und Negation der Negation: anti-essenzialistischer Universalismus

Um den Universalismus der Theologie der Befreiung inhaltlich zu charakterisieren, ist es daher notwendig, die grundlegende epistemologische Option näher zu bestimmen, die sich aus dieser Anerkenntnis der Verantwortung gegenüber der geschichtlichen Realität ergibt. Von ihr her lässt sich zeigen, für welchen Universalismus die Theologie der Befreiung streitet.

Diese in der Theologie der Befreiung sogenannte ,Option für die Armen' beruht zunächst auf ihrer Grunderfahrung, dass „in der Tiefe der Wirklichkeit mehr Gutes als Böses zu finden ist" (Sobrino 2007: 104). Das heißt, sie wird nicht aus einer voyeuristischen Faszination am Elend der Anderen getroffen. Vielmehr ist sie in diesem Vertrauen auf die Gutheit des Lebens verwurzelt: Die Armen sind die Bevorzugten Gottes – nicht weil Gott ihre Armut, sondern weil er sie in ihrer Armut liebt. Die Gutheit des Lebens ist immer früher und grundlegender als die Armut, die das Leben bedroht (vgl. Jes 49,5). Daher hat die Option für die Armen ein ,ursprünglich' radikal affirmatives Moment: die Bindung an die Verheißung eines neuen Himmels und einer neuen Erde, in der man „nie mehr lautes Weinen und lautes Klagen hört" (Jes 65,19).

Diese universale Verheißung kann aber nun gerade nicht auf den Wegen ausgerechnet derjenigen Logik erfolgen, die Armut und Spaltung überhaupt erst hervorbringen. Von daher ist das affirmative Moment in sich bestimmt: Hier wird „nicht allgemein-abstrakt nach dem gefragt, was zum menschlichen Wohl, zum Schutz der Menschenrechte usw. beiträgt, sondern [...] im Ausgang vom unterdrückten Teil" (Ellacuría 2000g: 475,

Übersetzung JC). Die Affirmation der Gutheit des Lebens impliziert folglich die Affirmation des gekreuzigten Volkes und daher ein negatives Moment. Denn „[d]ie Tatsache der Kreuzigung und des Todes allein [ist] keine Erlösung. Nur ein Volk, das lebt, weil es aus dem ihm zugefügten Tod erstanden ist, kann die Welt erlösen" (Ellacuría 2000f: 170, Übersetzung JC). Die Affirmation des bedrohten Lebens impliziert das negative Moment der Hinwegnahme des Todes (Negation der Negation).

Was dies im Rahmen einer befreiungstheologischen Auseinandersetzung mit rechtsradikalen Bewegungen und Parteien bedeutet, lässt sich z.B. an einer Passage aus Adornos erst kürzlich erschienenem Vortrag „Aspekte des neuen Rechtsradikalismus" verdeutlichen.

> „Das einzige, […] was mir nun wirklich etwas zu versprechen scheint, ist, daß man die potentiellen Anhänger des Rechtsradikalismus warnt vor dessen eigenen Konsequenzen, daß man ihnen klar macht eben, daß diese Politik auch seine eigenen Anhänger unweigerlich ins Unheil führt und daß dieses Unheil von vornherein mitgedacht worden ist […]. Also man muß, wenn man gegen diese Dinge im Ernst angehen will, auf die drastischen Interessen derer verweisen, an die sich die Propaganda wendet" (Adorno 2019: 28).

Adorno verweist hier auf die Dynamik der Opferung, die Ideologien und Politiken der Ungleichwertigkeit immer zu eigen ist, da ihr innerstes Prinzip in der Konstitution der eigenen Stärke durch die Unterwerfung und Ausmerzung des ‚Schwachen' besteht. Nichts garantiert, dass diese Dynamik nicht eines Tages auch diejenigen treffen wird, die sie tags zuvor noch verfochten. Rettung kann daher nur in einer Umkehrung dieser Bewegung bestehen, denn das Verlangen nach dem eigenen (Über-)leben – die „drastischen Interessen derer, an die sich die [rechtsradikale] Propaganda wendet" – kann niemals durch die Unterwerfung anderen Lebens gestillt werden. Vielmehr ist das Leben derjenigen radikal zu bejahen, deren Unversehrtheit durch die entsprechenden Ideologien bedroht ist. Diese ‚Unterwerfung' unter die ‚Autorität der Leidenden' (Metz 1997: 203), d.h. die radikale Affirmation des gekreuzigten Volkes, bricht also mit der Dynamik der Opferung und kehrt sie in eine Dynamik universaler Solidarität um. Dieser epistemologische Bruch geht allen weiteren methodischen und inhaltlichen Fragen befreiender Theologie als erkenntnistheoretische Prämisse voraus.

JAN NIKLAS COLLET

Diese Klärung ist mit Blick etwa auf die Übersetzung befreiungstheologischer Topoi wie demjenigen des ‚gekreuzigten Volkes' ins Deutsche wichtig, wo das Wort ‚Volk' aufgrund seiner abgründigen Geschichte der Gewalt im völkischen Nationalismus in besonderem Maße vorbelastet ist. Aufgrund des epistemologischen Bruchs stellt sich die theologische Konzeption Ellacurías aber geradezu als das Gegenteil eines ethnisch-nationalistischen Volksbegriffs dar. Die Konzeptionen des gekreuzigten Volkes und der auf sie verwiesenen Kirche der Armen führen – anders als jener – Differenz nicht als (gewaltsame) Konstruktion einer nach außen abgeschlossenen und nach innen homogen zu haltenden Gemeinschaft ein. Denn sie zielen ja gerade auf die Umkehrung der Dynamik der Kreuzigung, darauf, das gekreuzigte Volk vom Kreuz herabzuholen. Nicht die Homogenität des Eigenen, sondern die Solidarität mit dem Leiden der Anderen wird hier als identitätsstiftendes Moment eingeführt. Solche Identität kann niemals in sich geschlossen sein, ohne zu sich selbst in Widerspruch zu geraten. Bejaht also der ethnisch-nationalistische Volksbegriff die Spaltung der menschlichen Gemeinschaft, zielen die hier vorgestellten Reflexionen Ellacurías auf deren Überwindung. Die Konzeptionen des gekreuzigten Volkes und der Kirche der Armen sind daher nicht entgegen, sondern aufgrund der in ihnen zum Ausdruck kommenden Partikularisierung des christlichen Heilsuniversalismus anti-essenzialistischen Charakters.

5. Befreiungstheologischer Universalismus als anti-essenzialistischer Grenzbegriff

Die hier vorgelegten Überlegungen zu einem befreiungstheologischen Universalismus waren ausgegangen von der Annahme, dass dieser gewissermaßen als das Hintergrundrauschen der Theologie der Befreiung überhaupt angenommen werden kann. Dies wurde exemplarisch am Beispiel der ekklesiologischen Überlegungen Ignacio Ellacurías zur Kirche der Armen und zum gekreuzigten Volk verdeutlicht. Auf diese Wiese konnte erstens gezeigt werden, dass die zentrale Methode der Theologie der Befreiung – wie Ellacurías sie konzipiert – die Vergeschichtlichung theologischer Begriffe ist. Zweitens konnte konkretisiert werden, was dies hinsichtlich eines befreiungstheologischen Universalismus bedeutet. Dies wurde dadurch erreicht, dass die Methode der Vergeschichtlichung selbst angewandt wurde, indem die beiden genannten theologischen Topoi in der Auseinandersetzung mit dem Ethnopluralismus näher charakterisiert wurden. Denn der Universalismus der Theologie der Befreiung ist nicht freischwebend. Vielmehr geht er von der Wahrnehmung aus, dass das universale Recht auf gutes Leben in der geschichtlichen Realität gefährdet ist. Der Ethnopluralismus etwa ist ein ideologisches Kampfmittel, mit dem die politische Rechte ihre rassistische Agenda strategisch verfolgt. In diesem Sinne ist der Universalismus umkämpft, und dies fordert den_die Theologietreibenden zur Übernahme der Verantwortung für die eigene theologische Tätigkeit auf.

Dabei ist die theologische Theorie auf verschiedene theoretische Vermittlungen angewiesen. Um beispielsweise den Ethnopluralismus entgegen der verbalen Beteuerungen seiner Verfechter_innen als gewaltförmige Ideologie der Ungleichwertigkeit zu entlarven, braucht die Theologie den Dialog mit anderen Disziplinen wie der Linguistik, den Sozial- und Geschichtswissenschaften. Theologie der Befreiung ist demnach ein transdisziplinäres Unterfangen. Zugleich ist diese transdisziplinäre theoretische Tätigkeit auf ihre praktische Vermittlung verwiesen. Befreiende Theologie findet nicht in einem ungeschichtlichen oder übernatürlichen Niemandsland statt, sondern von einem klar bestimmten gesellschaftlichen Ort her: der Welt der Armen und Unterdrückten, deren Leben der Opferung preisgegeben und bedroht ist.

Als die drei wesentlichen Momente eines befreiungstheologischen Universalismus, die nicht strikt voneinander geschieden werden können und sich gegenseitig bestimmen, können demnach der theologische Begriff (Heilsuniversalismus), die transdisziplinäre Analyse der geschichtlichen Realität und die primäre praxische Verortung der theologischen Theorie angesehen werden.

Die entscheidende Pointe des Universalismus der Theologie der Befreiung liegt daher weder in einer bruchlosen Identifizierung des universalen theologischen Gehalts eines Begriffs mit den partikularen gesellschaftlichen Verhältnissen noch in seiner scharfen Unterscheidung von ihnen. Sie kann vielmehr nur in deren konstitutivem und verschachteltem Ineinander liegen. Theologische Rede ist immer geschichtlich vermittelt, weshalb im Zentrum befreiungstheologischer Reflexion stets das Ringen um die Vergeschichtlichung des christlichen Heilsuniversalismus in den gespaltenen gesellschaftlichen (und kirchlichen) Verhältnissen steht.

Ein solcher befreiungstheologischer Universalismus vermeidet sowohl die eingangs erwähnten Probleme einer unzulässigen Universalisierung als auch die beiden Gefahren, die für kritische Theologien und Theorien mit einem vollständigen Verzicht auf jedweden Universalismus verbunden wären. Letztere leisten letztlich einer nicht mehr rückführbaren Opferkonkurrenz Vorschub, die einer solidarischen Praxis doch gerade zuwiderläuft (vgl. Collet 2018; Wendel 2018: 153f.). Vermieden wird also sowohl erstens ein abstrakter Universalismus, der die Heterogenität von Ungleichheiten einebnet, weil darin die Andersheit der Anderen aktiv zum Verschwinden gebracht wird; als auch zweitens der grundlegende Verzicht auf den Universalismus, weil er die Andersheit der Anderen zu verabsolutieren und dadurch die einen von den anderen zu isolieren droht. Eine Gesellschaft aber, in der alle „ohne Angst verschieden sein" (Adorno 1993 [1944]: 131) können, ist so kaum vorstellbar.

Der Universalismus der Theologie der Befreiung überwältigt demgegenüber nicht das Konkrete, indem er es in einen homogenen Begriff zwingt. Gemäß der grundlegenden Überzeugung von der universalen Gutheit des Lebens wird er vielmehr im Konkreten selbst als diesem zutiefst innerliche und zugleich unverfügbare Offenheit und Unabgeschlossenheit eingeführt. Er ist gewissermaßen ein Universalismus in Bewegung, der sich nicht aus der Anrufung einer gegebenen homogenen Gemeinschaft speist, sondern aus der Perspektive eines guten Lebens für alle, deren Vergeschichtlichung er sich verschreibt. Dies unterbricht alle Verhältnisse „in denen der Mensch ein erniedrigtes, ein geknechtetes, ein verlassenes, ein verächtliches Wesen" (Marx 1967: 385) ist. Universalismus ist daher für die Theologie der Befreiung ein anti-essenzialistischer Grenzbegriff einer parteilichen Praxis solidarischer Hoffnung.

1   Ich danke Aurica Jax, Lena Krause, dem ganzen AK Politische Theologie, Magdalena Kraus und allen Studierenden, die mit mir im Wintersemester 2019/20 über die Kirche der Armen und die *ekklesia* der Frauen diskutiert haben, für die Anregungen zu den hier vorgelegten Überlegungen.

2   Es liegt in der Natur der Sache, dass im Folgenden einige theologische Begriffe verwendet werden, deren Kenntnis außerhalb theologisch interessierter Kreise nicht ohne Weiteres vorausgesetzt werden kann. Dazu gehören die Begriffe *Ekklesiologie, Sakrament, theologische Anthropologie, Soteriologie, Exerzitien* sowie die Schreibweise des biblischen Gottesnamens, *JHWH*, die hier in aller Kürze benannt werden sollen. So wird gemäß der jüdischen Tradition der Gottesname nicht ausgesprochen und, um dies anzuzeigen, in dessen Verschriftlichung das

sogenannte Tetragramm *JHWH* verwendet. Die *Exerzitien* oder ‚geistliche Übungen' sind eine spirituelle Praxis der strukturierten Meditation des eigenen Lebens im Licht der biblischen Schriften (und umgekehrt), die auf den Gründer des Jesuitenordens, Ignatius von Loyola, zurückgeht und bis heute eine wichtige Rolle in der Spiritualität und Ausbildung der Jesuiten einnimmt. *Soteriologie, Ekklesiologie* und *theologische Anthropologie* sind klassische theologische Traktate, Grundthemen theologischer Reflexion. Die *theologische Anthropologie* reflektiert auf das Verständnis des Menschen unter dem Gesichtspunkt Gottes, d.h. vor dem Hintergrund der biblischen Schriften und der Geschichte des christlichen Glaubens, wobei davon ausgegangen wird, dass in jeder Aussage über Gott zugleich etwas über das Verständnis des Menschen mitausgesagt wird und umgekehrt. Die *Soteriologie* (von gr. *soter*, Erlöser) reflektiert die Erlösung des Menschen durch Gott, wie sie in den biblischen Schriften in der Geschichte Israels und der Menschwerdung Gottes in Jesus von Nazareth bezeugt wird; gefragt wird z.b., wovon und wodurch die Erlösung des Menschen durch Gott geschieht und welcher Art die Beteiligung des Menschen in seiner Freiheit im Erlösungshandeln Gottes ist. Die *Ekklesiologie* ist die theologische Reflexion von ‚Kirche'; der Begriff geht auf das griechische Wort *ekklesia* zurück, das Versammlung bedeutet und bereits in den neutestamentlichen Schriften als Bezeichnung für die Gemeinde der frühen Christen verwendet wird.

3   Eine wichtige Rolle für Ellacurías theologische Reflexionen spielen hier auch seine umfangreichen philosophischen Reflexionen, auf die ich hier leider nicht ausführlich eingehen kann. Ausgehend von den Arbeiten seines philosophischen Lehrers Xavier Zubiri konzentrieren sich die philosophischen Überlegungen Ellacurías v.a. auf die Transformation von dessen Metaphysik in eine Philosophie der geschichtlichen Realität mit befreiender Funktion sowie auf die erkenntnistheoretische Konzeption der ‚*inteligencia sentiente*', die wesentlich auf die Überwindung des Dualismus von Wahrnehmung und Erkennen im menschlichen Erkenntnisvermögen ausgerichtet ist (vgl. Ellacuría 2007).

4   Dies ist die Übersetzung der Zeilen, die ich diesem Artikel in der spanischen Originalversion vorangestellt habe. Sie bringen in besonderer Weise das m.E. für einen befreiungstheologischen Universalismus wesentliche Moment der Solidarisierung zum Ausdruck, das der Annahme unüberbrückbarer kultureller Differenzen entgegensteht, welche – wie weiter unten zu zeigen sein wird – für (neu) rechte Bestreitungen des Universalismus zentral ist. Kulturelle und sprachliche Unterschiede lassen sich, so meine These, nicht negieren (und sollten auch nicht nivelliert werden), sie stehen aber einer differenzsensiblen (universalen) Solidarisierung nicht im Weg, sondern können gemeinsam mit anderen Elementen deren konkrete Gestalt mitkonstituieren. Übersetzung und Offenheit für Differenz, auch wenn sie nicht immer unmittelbar verstanden wird, ist im Sinne solcher Solidarität durchaus möglich.

5   Diese Argumentation scheint auf den ersten Blick postkolonialen Kritiken des Eurozentrismus nicht unähnlich zu sein, wie sie sich z.B. bei Enrique Dussel

(2013) finden. Allerdings zeigt sich bei genauerem Hinsehen sehr deutlich die unterschiedliche theoretische Grundlegung der jeweiligen Kritiken, denn während bei Eichmann eine interkulturelle Begegnung letztlich immer eine Frage von Sieg oder Niederlage ist, geht es bei Dussel gerade darum, in einem durchaus von Gewalt durchzogenen Kontext nach der Ermöglichung der Überwindung jedweder Situation der Beherrschung zu trachten. Wenn Dussel, aufgrund seiner Levinas-Rezeption nicht überraschend, auch stark ein grundlegendes Moment der Asymmetrie annimmt, so ist seine Perspektive normativ doch auf die Überwindung von Ungleichheit und Herrschaft gerichtet und geht gerade nicht von deren Verewigung aus. Meines Erachtens gilt dies für den Universalismus der Theologie der Befreiung im Allgemeinen, wie ich hier zu zeigen versuche.

Literatur

Adorno, Theodor W. (1977): Was bedeutet: Aufarbeitung der Vergangenheit? In: Ders., Gesammelte Schriften 10, Frankfurt am Main: Suhrkamp, 555-572.

Adorno, Theodor W. (1993 [1944]): Minima Moralia. Frankfurt am Main: Suhrkamp.

Adorno, Theodor W. (2019): Aspekte des neuen Rechtsradikalismus. Frankfurt am Main: Suhrkamp.

Benoîst, Alain de (2017): Kulturrevolution von rechts. Dresden: Jungeuropa Verlag.

Berger, Johannes (1996): Was behauptet die Modernisierungstheorie wirklich – und was wird ihr bloß unterstellt? In: Leviathan 24 (1), 45-62.

Cardenal, Rodolfo (2015): La iglesia del pueblo cruzificado: La eclesiología de Ignacio Ellacuría. In: Ders./Matthew Ashley/Martin Maier (Hg.): La civilización de la pobreza. El legado de Ignacio Ellacuría para el mundo de hoy. San Salvador: UCA Editores, 151-168.

Collet, Jan Niklas (2018): Zwischen Singularität und solidarischer Hoffnung. Plädoyer für die Beibehaltung von Universalbegriffen. In: Salzburger Theologische Zeitschrift 22 (2), 213-224.

Dirim, İnci/Mecheril, Paul (2017): Warum nicht jede Sprache in aller Munde sein darf? Formelle und informelle Sprachregelungen als Bewahrung von Zugehörigkeitsordnungen. In: Fereidooni, Karim/El, Meral (Hg.): Rassismuskritik und Widerstandsformen. Wiesbaden: Springer. 447-462. https://doi.org/10.1007/978-3-658-14721-1_26

Dussel, Enrique (2013): Der Gegendiskurs der Moderne. Kölner Vorlesungen. Wien/Berlin.

Ellacuría, Ignacio (2000): Tesis sobre posibilidad, necesidad y sentido de una teología latinoamericana. In: Ders.: Escritos Teológicos I. San Salvador: UCA Editores, 271-301.

Ellacuría, Ignacio (2000a): Historia de la salvación y salvación en la historia. In: Ders., Escritos Teológicos I, San Salvador: UCA Editores, 519-533.

Ellacuría, Ignacio (2000b), Historicidad de la salvación cristiana, in: Ders.: Escritos Teológicos I. San Salvador: UCA Editores, 535-596.

Ellacuría, Ignacio (2000c): Historia de la salvación. In: Ders.: Escritos Teológicos I. San Salvador: UCA Editores,598-628.

Ellacuría, Ignacio (2000d): Dimensión política del mesianismo de Jesús. In: Ders.: Escritos Teológicos II. San Salvador: UCA Editores, 33-66.

Ellacuría, Ignacio (2000e): ¿Por qué muere Jesús y por qué lo matan? In: Ders.: Escritos Teológicos II. San Salvador: UCA Editores, 67-88.

Ellacuría, Ignacio (2000f): El pueblo cruzificado. Ensayo crítico de soteriología histórica. In: Ders.: Escritos Teológicos II. San Salvador: UCA Editores, 137-170.

Ellacuría, Ignacio (2000g): Las iglesia de los pobres, sacramento histórico de la salvación. In: Ders.: Escritos Teológicos II. San Salvador: UCA Editores, 453-485.

Ellacuría, Ignacio (2000h): Las iglesias latinoamericanas interpelan a la iglesia española. In: Ders.: Escritos Teológicos II. San Salvador: UCA Editores, 589-602.

Ellacuría, Ignacio (2001): Biología e inteligencia. In: Ders., Escritos Filosóficos III. San Salvador: UCA Editores, 137-201.

Ellacuría, Ignacio (2007): Filosofía de la realidad histórica. San Salvador: UCA Editores.

Eichberg, Henning (1978): Nationale Identität. Entfremdung und nationale Frage in der Industriegesellschaft. München – Wien: Langen-Müller.

Funke, Hajo (2019): Armin Mohler: Jünger-Schüler, Netzwerker und selbsterklärter Faschist. In: Das alte Denken der neuen Rechten. Die langen Linien der antiliberalen Revolte, hg. vom Zentrum Liberale Moderne (ZLM). Berlin: ZLM, 89-98.

Fries, Norbert (2016): Art. Sapir-Whorf-Hypothese. In: Helmut Glück/Michael Rödel (Hg.): Metzler Lexikon Sprache. Stuttgart: J.B. Metzler Verlag GmbH, 582.

Gruber, Judith/Pittl, Sebastian/Silber, Stefan/Tauchner, Christian (Hg., 2019): Identitäre Versuchungen. Identitätsverhandlungen zwischen Emanzipation und Herrschaft. Aachen: Verlagsgruppe Mainz.

Gutiérrez, Gustavo (1986 [1971]): Theologie der Befreiung. Mainz: Grünewald.

Heitmeyer, Wilhelm (2018): Autoritäre Versuchungen. Signaturen der Bedrohung 1. Berlin: Suhrkamp.

Holbein, Christoph (2019): Diskurspiraterie: Wie wir die extreme Rechte unterstützen und was wir strategisch dagegensetzen können. In: Gruber, Judith/Pittl, Sebastian/Silber, Stefan/Tauchner, Christian (Hg., 2019): Identitäre

Versuchungen. Identitätsverhandlungen zwischen Emanzipation und Herrschaft. Aachen: Verlagsgruppe Mainz, 30-38.

Laschyk, Thomas (2019): 6 Dinge, die der Christchurch-Attentäter mit AfD & Co. gemeinsam hat. In: www.volksverpetzer.de/schwer-verpetzt/christchurchterror/, 8.4.2020.

Lichtmesz, Martin (2018): Volklichkeit, Ethnopluralismus, Eichberg. In: Sezession 85 (August 2018), 5-9.

Lugones, María (2008): The Coloniality of Gender. In: Worlds & Knowledges Otherwise 2 (2), 1-17.

Marx, Karl (1967): Kritik der Hegelschen Rechtsphilosophie. Einleitung. In: MEW 1. Berlin/DDR: Dietz Verlag, 378-391.

Metz, Johann Baptist (1997): Zum Begriff der neuen Politischen Theologie. 1967–1997. Mainz: Grünewald.

Quijano, Aníbal (2000): Colonialidad del poder y clasificación social. In: Journal of World-System Research VI (2). Special Issue. Festschrift for Immanuel Wallerstein. Part 1, 342-386.

Quijano, Aníbal (1992): Colonialidad y modernidad/racionalidad. In: Perú Indígena 13 (29), 11-20.

Rahner, Karl (1967a): Das neue Bild der Kirche. In: Ders., Schriften zur Theologie VIII. Einsiedeln u.a.: Benziger Verlag, 239-354.

Rahner, Karl (1967): Theologie und Anthropologie. In: Ders., Schriften zur Theologie VIII, Einsiedeln u.a.: Benziger Verlag, 43-65.

Rostow, Walt Whitman (1991): The stages of economic growth. A non-comunist manifesto. Cambridge: Cambridge University Press.

Schelkshorn, Hans (2018): The Ideology of the New Right and Religious Conservativism. Towards an Ethical Critique of the New Politics of Authoritarianism. In: Interdisciplinary Journal for Religion and Transformation 7, 124-141.

Sellner, Martin (2019): Was fehlt: ein neurechtes Kontinuum. In: https://sezession.de/60814/was-fehlt-das-neurechte-kontinuum, 8.4.2020.

Sobrino, Jon (2007): Der Preis der Gerechtigkeit. Briefe an einen ermordeten Freund. Würzburg: Echter Verlag.

Torres, Sergio/Eagleson, John (Hg., 1976): Theology in the Americas, New York: Orbis Books.

Wagner, Thomas (2017): Die Angstmacher. 1968 und die Neuen Rechten. Berlin: Aufbau-Verlag.

Weiß, Volker (2017): Die autoritäre Revolte. Die Neue Rechte und der Untergang des Abendlandes. Stuttgart: Klett-Cotta.

Wendel, Saskia (2018): Weder Inklusion noch Exklusion. Ein religionstheologischer Diskurs mit postkolonialen Theorien. In: Sebastian Pittl (Hg.): Theologie und Postkolonialismus. Ansätze – Herausforderungen – Perspektiven. Regensburg: Friedrich Pustet, 139-155.

Die Vergeschichtlichung des Universalen.

ABSTRACT *The article aims to characterise some baselines of universalism under the perspective of liberation theology. Therefore, I refer to Ignacio Ellacuría's conception of a "Church of the poor", from which I confront the notion of Ethnopluralism. Baselines of the questioned universalism of liberation theology are thus acquired indirectly through theological reflections on the notion of the Church. "Ethnopluralism" is an important concept for the reconfiguration of old-fashioned racism by the New Right, which informs its political agenda concerning the global struggles for free movement and a good life for everybody. The universalism of liberation theology must be illustrated with regard to the fundamental particularisation of the universal salvation in Christ and can, by this means, be characterised as an anti-essentialist concept that promotes the Christian promise of hope.*

Jan Niklas Collet
Institut für Katholische Theologie, Universität zu Köln
jan.collet@uni-koeln.de

Journal für Entwicklungspolitik XXXVII, 3-2021, S. 117–126

Essay

Jakob Frühmann
Als Christ zur See? Reflexionen über ein heikles Fahrwasser

You'll die at sea.
Your head rocked by the roaring waves,
your body swaying in the water,
like a perforated boat.
In the prime of youth you'll go,
shy of your 30th birthday.
Departing early is not a bad idea;
but it surely is if you die alone
with no woman calling you to her embrace:
„Let me hold you to my breast,
I have plenty of room.
Let me wash the dirt of misery off your soul."

Abdel Wahab Mohamed Youssef, Dichter aus Darfur, besser bekannt als Abdel Wahab Latinos, starb im August 2020 bei einem Schiffsunglück vor der libyschen Küste. Einer von über 23.000 *people on the move*, die seit 2014 auf ihrem Weg nach Europa umkamen. Ein Skandal, gegen den sich seit Jahren Menschen aus unterschiedlichsten Ecken zu stemmen bemühen.

Dazu versuche auch ich durch mein Engagement bei Sea-Watch beizutragen, doch es ist ein schwieriges Terrain – ungeachtet dessen, dass die Regierungen Europas unser Tun blockieren und kriminalisieren, ungeachtet der Einsätze selbst. Es ist der Umstand, dass ich als Weißer Mann mit europäischem Pass und ausgestattet mit vielen weiteren Privilegien interveniere – und als Christ mich in noch fragwürdigerem Fahrwasser bewege. Eine belastete Hypothek wird weiter strapaziert. Die Missions- und Kolonialgeschichte als Herrschaft *par excellence* droht im Entwicklungsdiskurs einer Aktualisierung zu erliegen. Die Weiße Hand, welche die Schwarze Hand aus dem Wasser zieht, produziert neue und reproduziert alte Weiße Heldinnen und Retter. Das gebetsmühlenartig vor sich her zu tragen, lähmt. Es zu vergessen oder zu negieren, wäre eine Fortschreibung des Herrschens. Auch dagegen versuche ich mich zu stemmen – und damit gegen die Vereinnahmung des christlichen Kernanliegens durch herrschende Parteien und Institutionen. Diese Umstände versuche ich in folgendem Aufsatz aus einer persönlichen Perspektive zu reflektieren.

I. *provocare*: hervorrufen, reizen, hervorwachsen lassen, Berufung einlegen

Im August 2020 retweetete Francesca Totolo ein Interview mit mir, versehen mit ihren Kommentaren, die scharfe Kritik an den Schweizer Bischöfen und der Evangelischen Kirche in Deutschland übten. Der Vorwurf der italienischen Bloggerin, die Verbindungen zur rechtsextremen Bewegung Casa Pound nicht verhehlt, wurde in anderen Foren aufgegriffen, und meine Aussagen selbst wurden eifrig kommentiert. Nun war ich mir meiner provokanten Aussagen – etwa, dass Jesus die Seenotrettung unterstütze – und der bildlichen Inszenierung – ich trug ein T-Shirt mit der Aufschrift „Antifaschistische Kirchen" – nicht nur bewusst, sondern ich wollte damit in ebenjene Kerbe schlagen, in der sich offenbart, wie es um das sogenannte christliche Abendland steht. Ein Resümee dessen soll an anderer Stelle gewagt werden, doch ein kursorischer Blick auf die Kommentare spiegelt jene Widersprüche wider, in denen sich Linksreligiöse seit jeher zu bewegen haben. Ein paar Schmankerl: „Die ‚antifaschistische Kirche' kämpft für die Tötungen ungeborener Menschen, leugnet die Auferstehung Christi und ist radikalfeministisch ausgerichtet. Da ist weder Jesus noch der Papst dabei." „Ist Jakob Frühmann nicht jüdisch?" „Jetzt unterstützt sogar die Kirche die Schlepperbanden." Hier offenbart

JAKOB FRÜHMANN

sich jene illustre Palette überspitzter christlicher Positionen, die mich zutiefst anwidern – trotz und wegen dieser Positionen übe ich mich in ebenjenem Glauben. Wie kann das sein?

Auch die hässlichen Bilder, ohne die es laut Sebastian Kurz nicht ginge – so sein Statement zur Frage der Gewalt an den EU-Außengrenzen –, provozieren und werden täglich reproduziert: Flüchtende werden an der kroatischen Grenze nach Bosnien zurückgeprügelt oder erfrieren, in der Ägäis werden sie von der griechischen Küstenwache ausgesetzt in der perversen Hoffnung, sie würden in die Türkei zurücktreiben, andere ertrinken unter den Augen europäischer Autoritäten wie Frontex im Mittelmeer. Ja, der Logik des Kurz'schen Migrationsregimes ist es inhärent, dass es nicht ohne hässliche Bilder gehen werde. Im Juli 2018 erschien in der *Zeit* ein Artikel mit der Überschrift „Oder soll man es lassen?" Darin wurde auf polemische Art und Weise das Für und Wider ziviler Seenotrettung, wie sie seit Jahren im Mittelmeer stattfindet, debattiert. Der Artikel erfuhr immense Resonanz. Hier wurde in einer platten Gegenüberstellung eine Ethik verhandelt, die sich als Zugpferd vor den Panzer der europäischen Abschottung spannen lässt. Wie auch sonst im medialen Diskurs wurde über Fluchtursachen, Hilfe vor Ort und vor allem den sogenannten „Pullfaktor" diskutiert. Dieser besagt, dass die Präsenz von NGO-Schiffen im zentralen Mittelmeer Menschen dazu animiere, die Flucht nach Europa zu wagen. Oder, dass die Evakuierung griechischer Flüchtlingslager mehr Menschen dazu bringe, sich auf den Weg nach Europa zu machen. Abgesehen von der Moral eines solchen Debatte verkennt sie die Komplexität von Fluchtbewegungen und negiert die (ohnehin nur spärliche) Datenlage. Außerdem: Im Jahr 2020 war aufgrund politischer Blockaden über Monate hinweg kein Rettungsschiff vor der libyschen Küste präsent, dennoch wagten tausende Menschen die Fahrt übers Wasser und kamen – teilweise – auch an, vornehmlich auf Lampedusa. Menschen flüchten also weiterhin, lediglich die Gefährlichkeit der Route steigt und mit ihr die Todeszahlen. Das Gerede rund um den Pullfaktor folgt schlicht einem migrationspolitischen Kalkül, das obendrein sozial-christliche Fahnen hisst und – mal klandestin, mitunter aber auch ohne Scham und freundschaftlich kokettierend – mit den oben angesprochenen Positionen gemeinsame Sache macht.

Das Christliche ist – so viel muss anhand der Schlaglichter deutlich geworden sein – ständig in Verhandlung. Da ich in dieser Frage eine klare

Position vertrete, möchte ich im Folgenden versuchen, das Verhältnis globaler Gewaltverhältnisse und christlicher Einmischung aus einer vielleicht irritierenden Perspektive auszuloten.

II. *irritare*: bewegen, antreiben, aufbringen

Die Folgen imperialer Ausbeutungsverhältnisse oder die Externalisierung der europäischen Außengrenzen können aus vielfältiger Perspektive analysiert werden. Meist passiert das allerdings mit einem säkularen Blick. Widerstand von unten und soziale Bewegungen zeigen auf, dass es jedoch viele und unterschiedliche Menschen – oft abseits von Institutionen – sind, die versuchen, „dem Rad in die Speichen zu fallen" (Dietrich Bonhoeffer) und die Mikropolitik der Macht mitzugestalten.

Umso skurriler mutet es an – allein schon aus Erkenntnisinteresse –, dass im Entwicklungsdiskurs die Dimension von Spiritualität meist, wenn überhaupt, in die Kategorie der Institution verbannt und dort ablehnend diskutiert wird: Die institutionelle Kirche als Hort der Macht, als Motor der Kolonialisierung, als rückständige Bastion der Unterdrückung und Glutnest für Konflikte. Manchmal wird Kirche etwas differenzierter und konstruktiver verstanden – als politische Akteurin und mögliche Verbündete im Kampf gegen die Verwerfungen des Kapitalismus und die Missstände der diesseitigen Welt. Vielleicht wird auch über die Befreiungstheologie oder das Erbe des religiösen Sozialismus gesprochen, in nur wenigen Kreisen über Begrifflichkeiten wie einen Messianismus, wo sich Reich Gottes und Revolution die Hand reichen.

Ich hatte das Glück, neben einer herrschaftlichen und unterdrückerischen Kirche eine nach Befreiung ringende und riechende kennenzulernen: Denker*innen und Kämpfer*innen wie die Theologin Dorothee Sölle oder Bischof Oscar Romero gaben mir die Gewissheit, dass da mehr ist als der arrangierte Kniefall vor den Verhältnissen. Diese und viele andere zeigten auf, dass die Kirche – versteht sie sich in der radikalen Nachfolge Jesu – eine sein muss, die sich solidarisch mit den Marginalisierten zeigt und selbst auf Privilegien verzichtet. Das gelang und gelingt manchmal mehr, manchmal weniger.

Jakob Frühmann

Meine theologische Biografie ist geprägt von dem Nachfühlen dieser Spuren – sowohl in intellektueller als auch praktischer Hinsicht. Es gab viele Leuchttürme, die mir im Sinne einer politischen Theologie einen Pfad ausleuchteten. Der Strahl fiel in die Dunkelheit einer Religion, die unterdrückerisch wirkt, mit den Mächtigen der Welt paktiert und sich mit den zum Himmel schreienden ungerechten Verhältnissen salbungsvoll arrangiert. Trotz dieser Ausnahmen und Inspirationen dampfe ich immer wieder vor Wut. Über den Umstand, dass die Österreichische Bischofskonferenz etwa – lediglich! – um die Aufnahme von Kindern aus Moria wirbt, und noch dazu sich nicht getraut, die christlich-bürgerliche Partei in die Schranken zu weisen – was angesichts der Verflechtungen ein Leichtes wäre. Über den Umstand, dass die Caritas erstaunlich gute Projekte auf die Beine stellt, und dann dennoch ein braver Verwalter humanitärer Hilfsaktionen bleibt, ohne die Verhältnisse zu torpedieren. Alles notwendige Diplomatie? Vielleicht. Und wie steht es um die Befreiungstheologie, deren Erbe hochgehalten wird, aber im Diskurs der 1970er verhaftet bleibt, etwa, wenn es um die Geschlechterfrage geht?

Klar ist für mich der Kern des Christlichen: der Drang nach Transzendenz. Und damit ist – nota bene! – ein Doppeltes angedeutet: Es meint ein Durchschreiten, Übertreten, Hintersichlassen des irdischen Lebens, nicht nur in einem metaphysischen Sinn. Es geht nicht bloß um das Hoffen auf ein außergeschichtliches Danach, sondern – und erneut sei darauf hingewiesen – es geht dezidiert um ein Transzendieren der gesellschaftlichen Gewaltverhältnisse. Diese zu überwinden, dafür steht die Auferstehung nach dem Tod und, darin angelegt, der Aufstand gegen den Tod und gegen alles, wo der Tod herrscht. Der Marx'sche Imperativ, „alle Verhältnisse umzuwerfen, in denen der Mensch ein erniedrigtes, ein geknechtetes, ein verlassenes, ein verächtliches Wesen ist", reicht hier jener Stelle aus dem Lukasevangelium die Hand, die Gott und die Hoffnung besingt, „die Mächtigen vom Thron zu stürzen". Dorothee Sölle brachte das auf den Punkt mit ihrer Überzeugung, dass es „mehr als alles" geben müsse. Damit meint sie nicht Gier oder kapitalistischen Wachstumszwang, sondern gerade das Gegenteil: Wir können uns doch nicht mit dem, was ist, wie der Status Quo ist, zufriedengeben! Solange der Himmel nicht geerdet ist, solange das Paradies, die Utopie schlechthin, nicht ist, nicht bereits jetzt zu bauen begonnen wird, solange das gute Leben für alle nicht beginnt, Wirklichkeit anzunehmen, folge ich dem befreienden Gehalt christlich-religiösen Denkens nicht. Christ*in zu sein, bedeutet nicht, einen Monolithen anzubeten oder ihm hinterherzuhecheln, sondern sich an Widersprüchlichkeiten abzuarbeiten und sich immer wieder auf das genannte Grundanliegen zu besinnen: Befreiung. Diesen Glauben in die Welt von heute, in die Welt überhaupt zu übersetzen, daran haben sich viele widerständische Traditionen versucht. Um nur einige Schlaglichter zu nennen: die christlichen Urgemeinden, die frühmittelalterlichen Ordensgemeinschaften und die Täuferbewegung, die Waldenser*innen, die Quäker*innen, die religiösen Sozialist*innen des 19. und 20. Jahrhunderts, katholische Priester und Ordensschwestern in politischen Befreiungskämpfen gegen die Diktaturen Lateinamerikas oder anarchistische Christ*innen, die Abrüstungsaktionen von unten betreiben.

III. ἀναρχία – anarchía, „Herrschaftslosigkeit"

Im Burggraben der Festung Europa werden die Zeichen der Zeit – so die zentrale Losung des Zweiten Vatikanischen Konzils – offenbar. Ja, es sind apokalyptische Bilder in ihrem ursprünglichen Wortsinn: Die Verhältnisse entkleiden sich, in den menschlichen erzeugten Grauslichkeiten manifestieren sich nicht nur einzelne Ereignisse – sie symbolisieren ein Gewaltverhältnis von absoluter und globaler Bedeutung. Hier kristallisiert sich das tatsächliche Gefälle der Menschheit, hier lässt sich die Hierarchie unseres Daseins erahnen. Das Sterben im Mittelmeer ist wie ein Kontrastmittel, eingesetzt, um Bilder von Strukturen zu erhalten, die sonst verborgen bleiben. Hier verdichten sich die Fragen rund um Entwicklung, Privilegien und imperiale Lebensweise.

Hier wird jedoch auch ersichtlich, dass eben jenes Mittelmeer, das seit Jahrtausenden von Handels- und Migrationsbewegungen zerfurcht wurde, politisch gewollt zu einer *black box*, einem nicht einsehbaren Ort bar menschenrechtlicher Kontrolle und Garantie wird. Auf den Punkt gebracht: Menschen, die aus unterschiedlichsten Gründen und oft seit Jahren unterwegs sind, müssen durch Libyen, wenn sie irgendwie nach Europa wollen. Die Forderung nach einer *safe passage*, nach legalen und sicheren Routen, die sowohl dem Schlepperwesen Einhalt gebieten als auch die Risiken der Flucht beenden würden, prallt seit Jahren an den stählernen Mauern der Festung Europa ab und schallt als groteskes Echo auf den afrikanischen Kontinent zurück. „Von den Küsten Afrikas aus, wo ich geboren wurde, sieht man, wobei die Distanz hilfreich ist, das Gesicht Europas besser, und man weiß, dass es nicht schön ist," schreibt Camus. In Libyen angekommen, drohen massiver Rassismus und illegale Inhaftierungen in KZ-ähnlichen Lagern (so das deutsche Auswärtige Amt 2017), bevor die gefährliche Fahrt übers Wasser angetreten werden kann – gegen Bezahlung exorbitanter Summen und oft als erpresstes Lösegeld von Verwandten der Migrant*innen. Auf See geht das politische Spiel weiter: Gegen all die Widrigkeiten, die ein vollkommen seeuntüchtiges Boot mit sich bringt, geht es darum, eben nicht von der sogenannten libyschen Küstenwache aufgegriffen zu werden, welche die Menschen erneut in Lager und Gewalt zurück verschleppt. Dass Letztere ein undurchschaubarer Verband von Milizen, oft Schleppern und Vertretern eines Bürgerkriegslandes ist, tut dem Umstand, dass die EU ebendiese sogenannte Küstenwache massiv finanziell unterstützt und ausrüstet, keinen Abbruch. Kaum war so evident, wie Europa mit menschenrechtsverachtenden Regimen kooperiert, um Grenzen zu externalisieren und Türsteher mit der schmutzigen Arbeit zu beauftragen. Ohne die hässlichen Bilder geht es nicht – aber erzeugen lässt die EU diese von nordafrikanischen Kapos. Und es wird alles getan, um diese hässlichen Bilder nicht zu zeigen: Die europäische Grenzschutzagentur Frontex weiß aufgrund der Luftraumüberwachung mit Flugzeugen und Drohnen bestens über die Vorfälle und das Massensterben im Mittelmeer Bescheid. Anstatt notwendige Rettungsketten einzuleiten und mangels Präsenz staatlicher Akteure im Mittelmeer auch zivile Akteure wie Sea-Watch miteinzubeziehen (so wie es das internationale Seerecht vorsieht), wird lediglich den libyschen Behörden Bescheid gegeben.

Das zivile Auge, das die Rechtsbrüche und Menschenrechtsverletzungen der Friedensnobelpreisträgerin (die EU im Jahr 2012) im Mittelmeer dokumentiert, wird sukzessive angegriffen. Sämtliche Schiffe ziviler Seenotrettung sind von schikanösen Blockaden der italienischen Behörden betroffen, ebenso die zivilen Aufklärungsflüge von Sea-Watch, die Tausende von Menschen in Seenot entdeckten und Rettungen koordinierten.

Dass ein kleiner, buntscheckiger Haufen in konsequenter Selbstorganisation sich seit Jahren abstrampelt, um Widerstand gegen den europäischen Goliath zu leisten, hat mich beeindruckt. Hier begehrt eine Zivilgesellschaft auf, um den Riesen Europa in die Schranken zu weisen. Hier passiert etwas, das ich mir eigentlich von Christ*innen erwarte.

Und die Kirchen selbst? Zaghaft, zaghaft, zaghaft. In den letzten Jahren hat sich die Evangelische Kirche in Deutschland – und das ist bei Gott nicht irgendwer – sehr klar positioniert, zuletzt mit finanzieller und politischer Unterstützung beim Kauf eines neuen Schiffs, der Sea-Watch 4, bei deren erster Mission im August 2020 ich als Teil der nautischen Crew mit an Bord war. In den Medien oft als „Kirchenschiff" bezeichnet, fühlten sich viele linke Aktivist*innen nur bedingt damit wohl, eine Kirche in ihrem Rücken zu haben. Aber sei's drum – ein befreiender Zugang muss undogmatisch sein. Dass ich nun auf ebenjenem Kahn gelandet bin, der auch innerhalb der Kirchen für viel Kontroverse gesorgt hat, war schön, aber nicht der Motivationsgrund.

Rettung bedeutet hier Widerstand. Es geht nicht bloß um den humanitären Akt, Menschen aus dem Wasser zu ziehen, es geht nicht nur um die karitative Geste, jemandem Suppe auszuschöpfen. Rettung muss im Letzten bedeuten, um die Befreiung aus gewaltvollen Verhältnisse zu kämpfen. Diesen Kampf schreibt sich die Linke auf die Fahnen, doch auch dem Christentum ist diese Radikalität inhärent – oft verklausuliert, oder etwas närrisch anmutend, doch sie ist da. Besonders klar wird das etwa in der von Dorothy Day und Peter Maurin gegründeten *Catholic-Worker*-Bewegung – Christ*innen, die sich oft selbst als anarchistisch bezeichnen und damit vollends Vorstellungsvermögen und das vertraute Begriffsrepertoire sprengen. Der religiöse Sozialismus oder die Befreiungstheologie mit ihren marxistischen Koketterien – das ist noch vorstellbar, das ist bekannt, doch auch institutionalisiert. Ein christlicher Anarchismus hingegen – unerhört! Jene, die einer *Catholic-Worker*-Gemeinschaft angehören, leben in sogenannten „Häusern der Gastfreundschaft" mit den Marginalisierten und Ausgestoßenen unseres Systems zusammen. Darüber hinaus üben sie gewaltfreien Widerstand und zivilen Ungehorsam in unterschiedlichen Zusammenhängen – das Eindringen in Atomwaffenlager und der Protest vor Ort, das Besetzen von Kohlekraftwerken oder Straßenblockaden gehören zu ihrem engsten Credo. Es ist eine radikale Art der Nachfolge, die mir Inspiration ist. Hier wird Kirche und das christliche Anliegen abseits verhärteter Institution Realität.

Es ist grotesk – da hier wohl eine Selbstverständlichkeit verhandelt wird –, doch Menschen vor dem Ertrinken zu retten, bedeutet, unbequeme Positionen zu beziehen. Die gegenwärtigen Blockaden, Repressionen und Kriminalisierungsversuche drohen, freiwilliges Engagement zu zermürben. Umso vehementer erwarte ich mir von christlichen Akteur*innen, das Mittelmeer als jenen Ort zu begreifen, an dem sich globale Gewaltverhältnisse manifestieren und dementsprechend Solidarität gezeigt werden muss. Dass das aus meiner machtvollen Position – ich am Stahlschiff reiche die Hand jenen im Gummiboot – heraus mit Widersprüchen behaftet ist, ist und bleibt ein Dilemma. Damit verdeutlicht das Mittelmeer die Dringlichkeit, Europa und damit auch das Christliche in seiner gewaltvollen Komplizenschaft zu begreifen. Daraus auszubrechen, ist kein Leichtes und ich habe kein Patentrezept dafür. Eine widerständische, anarchistische Spiritualität regt dazu zumindest an:

Denn überall da, wo Macht zur Herrschaft sich verfestigt, braucht es ein vehementes Eintreten für ein Nicht-beherrscht-sein-Wollen und – viel schwieriger – ein Nicht-Herrschen. Theologisch finde ich das angedeutet in der sogenannten *Kenosis*, der Selbstentäußerung Gottes als Mensch, der Zurücknahme des Absoluten zum Nichtigen. Zu Weihnachten materialisiert sich dieser Gedanke in Tradition, wobei vor dem Hintergrund des jüngsten Festes ganz vortrefflich über bürgerliche Religiosität und imperiales Gehabe im Kleid geheuchelter Barmherzigkeit gesprochen werden kann. Hier manifestiert sich eine Herrschaft, die den radikal befreienden Entwurf des Christlichen radikal korrumpiert. Dem ist nicht politisch beizukommen, sondern theologisch.

Letztlich finde ich mich dann in Abgrenzung von den großen Institutionen auf mich selbst zurückgeworfen und mit mir selbst konfrontiert. So geläufig mir dieses Bild des Nicht-Herrschens ist, so schwierig ist es, ihm zu entsprechen, um handlungsfähig zu bleiben. Das Fahrwasser wird so zum schmalen Grat. Worüber ich mir jedoch sicher bin: Da, wo Christliches und Herrschaft Hand in Hand gehen, da, wo Menschen, die sich Christ*innen nennen, an den Verwerfungen imperialer und kapitalistischer Ausbeutungsverhältnisse mitweben und im selben Atemzug über die Leichen jener gehen, die ihr Recht geltend machen, davor zu fliehen oder sich sonst wie zu wehren, da kann Christliches nicht sein. Es herrscht.

Literatur

Alarm Phone/Borderline Europe/Mediterranea – Saving Humans/Sea-Watch (2020): Remote control: the EU-Libya collaboration in mass interceptions of migrants in the Central Mediterranean. www.borderline-europe.de/sites/default/files/readingtips/RemoteControl_Report_0620.pdf, 05.01.2021.

Brand, Ulrich/Wissen, Markus (2017): Imperiale Lebensweise. Zur Ausbeutung von Mensch und Natur im globalen Kapitalismus. München: Oekom.

Deutsche Welle (2017): Diplomaten: „KZ-ähnliche"-Zustände in libyschen Privatgefängnissen. www.dw.com/de/diplomaten-kz-ähnliche-zustände-in-libyschen-privatgefängnissen/a-37318380, 05.01.2021.

Jakob, Christian/Schlindwein, Simone (2017): Diktatoren als Türsteher Europas. Wie die EU ihre Grenzen nach Afrika verlagert. Berlin: Ch. Links Verlag.

Kalicha, Sebastian (2013): Christlicher Anarchismus: Facetten einer libertären Strömung. Heidelberg: Verlag Graswurzelrevolution.

Ramminger, Michael/Segbers, Franz (Hg., 2018): „Alle Verhältnisse umzuwerfen und die Mächtigen vom Thron zu stürzen." Das gemeinsame Erbe von Christen und Marx. In Kooperation mit Edition ITP Kompass. Eine Veröffentlichung der Rosa-Luxemburg-Stiftung. Hamburg: VSA-Verlag.

Reder, Christian (2020): Mediterrane Urbanität. Perioden vitaler Vielfalt als Grundlagen Europas. Wien: Mandelbaum.

Sölle, Dorothee (2014): Mystik und Widerstand. Du stilles Geschrei. Stuttgart: Kreuz.

Jakob Frühmann
jakob.fruehmann@posteo.de

SchwerpunktredakteurInnen und AutorInnen

Jan Niklas Collet ist katholischer Theologe und promoviert an der Universität zu Köln mit einer Arbeit zur Theologie Ignacio Ellacurías im Gespräch mit dekolonialen und postkolonialen feministischen Theorien. Er ist Mitglied des AK Politische Theologie, der sich mit der rechten Normalisierung auseinander- und gegen diese einsetzt. Seine Forschungsschwerpunkte sind die Theologie der Befreiung, dekoloniale und postkoloniale Theorie und Theologie, Theologie und rechte Normalisierung.

Jakob Frühmann lebt in Wien, im Südburgenland und auf See. Nach dem Studium der Theologie, Germanistik und der Internationalen Entwicklung arbeitet er immer wieder als Lehrer und Autor. Er ist aktiv in der antifaschistischen Gedenkarbeit und bei Sea-Watch.

Bruno Kern studierte Theologie und Philosophie in Wien, Fribourg, München und Bonn und ist darüber hinaus examinierter Gesundheits- und Krankenpfleger. Er promovierte mit einer Studie über die Marxismusrezeption innerhalb der lateinamerikanischen Theologie der Befreiung und arbeitete als Bildungsreferent, Verlagslektor sowie Kranken- und Altenpfleger. Zurzeit ist er in Mainz als selbständiger Lektor, Übersetzer und Autor tätig. Zu seinen jüngsten Veröffentlichungen gehören: *Karl Marx. Ökonom – Redakteur – Philosoph* sowie *Das Märchen vom grünen Wachstum*.

Magdalena Andrea Kraus promoviert im Bereich Internationale Entwicklung an der Universität Wien zum Zusammenhang von Religion und der Kritik an ungleichen gesellschaftlichen Verhältnissen in Lateinamerika mit Fokus auf populare Religiosität. Ihre Forschungsschwerpunkte sind dekoloniale und feministische Theorien sowie lateinamerikanische und interkulturelle Philosophie.

Sandra Lassak ist Theologin und seit 2020 bei Misereor tätig. Davor arbeitete sie sieben Jahre in der Entwicklungszusammenarbeit in Peru und zehn Jahre in der entwicklungspolitischen Bildungs- und internationalen Solidaritätsarbeit in Deutschland. Sie beschäftigt sich mit Fragen sozialer und ökologischer Gerechtigkeit, Genderthemen und feministischer Theologie im internationalen Kontext sowie der Bedeutung von Religion und Spiritualität in politischen Prozessen.

Jonathan Scalet ist Sozialwissenschafter, Redakteur des Journals für Entwicklungspolitik und hauptberuflich in der Entwicklungszusammenarbeit tätig. Er arbeitet zu interkultureller und politischer Philosophie, Religion und dekolonialer Kritik mit Schwerpunkt Lateinamerika.

Die letzten Ausgaben:

4/15 Grauzonen der Arbeit / Grey Areas of Labour

1-2/16 Turkey: The Politics of National Conservatism /
Türkei: Politik des National-Konservatismus

3/16 The EU Trade Regime and the Global South

4/16 Hunters and Gatherers in the Industrialised World /
Jäger und Sammlergesellschaften in der Industrialisierten Welt

1/17 Migrationsmanagement: Praktiken, Intentionen, Interventionen /
Migration Management: Practices, Intentions, Interventions

2/17 Social Innovation and the Transformation of Welfare States /
Soziale Innovation und die Transformation des Wohlfahrtsstaates

3/17 Socialisms in Development / Sozialismen in Entwicklung

4/17 Middle Class in Latin America / Mittelklasse in Lateinamerika

1/18 Food Sovereignty and Alternative Development in Palestine /
Ernährungssouveränität und alternative Entwicklung in Palästina

2/18 Fußball und ungleiche Entwicklung / Football and Unequal Development

3-4/18 Progressive Industrial Policy / Progressive Industriepolitik

1/19 Rosa Luxemburg, Imperialism and the Global South /
Rosa Luxemburg, Imperialismus und der Globale Süden

2-3/19 Waste and Globalised Inequalities / Müll und globalisierte Ungleichheiten

4/19 China: Capitalist Expansion in the Xi Era /
China: Kapitalistische Expansion in der Xi Era

1/20 China: Developmental Models and Environmental Governance /
China: Entwicklungsmodelle und ökologische Staatsführung

2/20 Venezuela: Utopien und Krisen / Venezuela: Utopias and Crises

3/20 Methods for Inter-and Transdisciplinary Resarch and Learning based on
Paulo Freire / Methoden für inter- und transdisziplinäres Forschen und
Lernen aufbauend auf Paulo Freire

1-2/21 Europa verrücken – Kämpfe zwischen Kolonialität und Dekolonialisierung /
Dislocating Europe – Struggles between Coloniality and Decolonisation

Die kommende Ausgabe:

4/21 Imperiale Lebensweise ‚at Work‘. Zur Wirkungsweise eines ausbeuterischen
Verhältnisses / "Imperial Mode of Living at Work": On the Effects of an
Exploitative Relationship

Informationen für AutorInnen

Das Journal für Entwicklungspolitik (JEP) ist eine der führenden wissenschaftlichen Zeitschriften für Fragen von Entwicklungstheorie und -politik im deutschsprachigen Raum. Alle Beiträge werden anonym begutachtet (double-blind, peer-reviewed). Die Publikation erfolgt in Englisch oder Deutsch. Die Zielsetzung des JEP ist es, ein Forum für eine breite kritische Diskussion und Reflexion für verschiedene Dimensionen gesellschaftlicher Entwicklungen in Süd und Nord zu bieten. Dabei wird auch das Verhältnis zwischen theoretischen Weiterentwicklungen im Bereich von Entwicklungsforschung und konkreten entwicklungspolitischen Prozessen ausgelotet. Gesellschaftlich relevantes Wissen über Entwicklungsprobleme und Entwicklungspolitik wird in einer interdisziplinären Herangehensweise aufbereitet und zugänglich gemacht.

Manuskriptvorschläge können eingesendet werden an:
office@mattersburgerkreis.at
Weitere Hinweise unter:
www.mattersburgerkreis.at/jep

Siehe auch: www.facebook.com/
journalfuerentwicklungspolitik

Information for Contributors

The Austrian Journal of Development Studies is one of the leading journals in its field in the German speaking area. Articles are reviewed anonymously (double-blind, peer-reviewed) and published in German or English. The journal provides a forum for a broad critical debate and reflection on different dimensions of societal transformation and on North-South relations. Specifically, the relationship between cutting edge theoretical advances in the field of development studies and actual development policies is addressed. Politically relevant knowledge about issues of development is provided in an accessible, interdisciplinary way.

Article proposals can be sent to:
office@mattersburgerkreis.at
Further information:
www.mattersburgerkreis.at/jep

See also: www.facebook.com/
journalfuerentwicklungspolitik

Gefördert durch die
≡ Österreichische
Entwicklungs-
zusammenarbeit

Journal für Entwicklungspolitik (JEP)
ISSN 0258-2384, Erscheinungsweise: vierteljährlich
Heft XXXVII, 3-2020, ISBN ISBN 978-3-902996-27-5
Preis des Einzelhefts: Euro 11,90
Preis des Doppelhefts: 19,80 Euro
Preis des Jahresabonnements: Euro 42,00 (Österreich);
Euro 52,00 (Europa); 62,00 (Welt).
Weitere Informationen: www.mattersburgerkreis.at
Abonnementbezug über die Redaktion:
Journal für Entwicklungspolitik, Sensengasse 3, A-1090 Wien,
office@mattersburgerkreis.at, www.mattersburgerkreis.at/jep
Das Abonnement kann unter Einhaltung einer dreimonatigen
Kündigungsfrist zum Jahresende gekündigt werden.

Offenlegung nach § 25 Mediengesetz
Medieninhaber: Mattersburger Kreis für Entwicklungspolitik an den
österreichischen Universitäten, Sensengasse 3, A-1090 Wien
Grundlegende Richtung des JEP: Wissenschaftliche Analysen und
Diskussionen von entwicklungspolitischen Fragestellungen und Berichte
über die entwicklungspolitische Praxis. Verantwortlich für Inhalt und
Korrekturen sind die AutorInnen bzw. die Redaktion.